中国南阳汉画像石大全

第四卷

凌皆兵　王清建　牛天伟　主编

中原出版传媒集团
大地传媒

大象出版社
·郑州·

目 录

卷首语

　　两汉时期是我国封建社会的第一个鼎盛时期。西汉早期，为稳定政局、恢复秩序，统治者实行休养生息政策，使社会经济得到了长足的发展，生产力得到了迅速提高，积累了丰富的物质财富。东汉时期，地主庄园经济形成，庄园主役使了大量的奴婢，他们的劳作维持了地主庄园的生产和生活，促进了田庄经济的发展和文化教育的繁荣，这种现象在汉代画像石中得到了充分反映。

　　汉画像石是一部反映汉代社会生活的百科全书，全方位地表现了汉代社会的方方面面，填补了史书资料的不足和缺失，为我们了解和研究汉代社会生活提供了宝贵的实物资料。南阳是全国汉画像石的四大分布区之一，其中有大量画面是对汉代富贵阶层社会生活的刻画。我们从此类画面中精选出各种单体人物形象四百余幅，为便于读者查阅，我

们依据人物所持物品的不同，将其分为拥彗、执金吾（棒）、执笏、持节、拥盾、执钺（斧）、执戟、蹶张、端灯（熏炉）、捧奁（盒）、其他人物等十一类。这些人物手持不同的武器或用具，刻在墓葬的不同位置。根据这些人物所持物品及他们所处的位置判断，他们的身份大致分为两种：

　　其一，服务于墓主的下层官吏、武士和仆役。他们有的充当随身护卫，负责主人的人身安全，彰显墓主的地位和身份，如执戟人物、执金吾（棒）人物、持节人物等；有的充当门吏，刻在门两侧或门柱上，作为主人迎接贵宾的仪仗，如拥彗门吏、执笏门吏、拥盾门吏等，他们多是衣冠整齐、躬身肃立；有的充当武士，如蹶张、执钺人物等，有镇墓安宅、崇武尚力的意味。

　　其二，从事各种劳役，服务于主人日常饮食

起居的婢女，如端灯侍女、捧奁侍女、捧盒侍女、捧熏炉侍女等。她们的形象大多刻画于墓室内，反映了墓主的生前生活和把阳间的生活享受延续到地下的愿望。

另外，一些人物手拿各种器具，如刀剑、便面、桨等；还有一部分人物手拿之物或不可辨认，或不能命名，我们一并附上，供读者欣赏、参考和研究。

最后需要说明的是，由于这类人物画像数量很大，为了各卷的均衡，本卷收录了拥彗、执戟、拥盾和执笏四类人物画像，其他人物画像则纳入到了第五卷中。

【拥彗人物】

拥彗人物

28 cm ×137 cm　征集于南阳市

画刻一人，戴冠，着袍，拥彗而立。

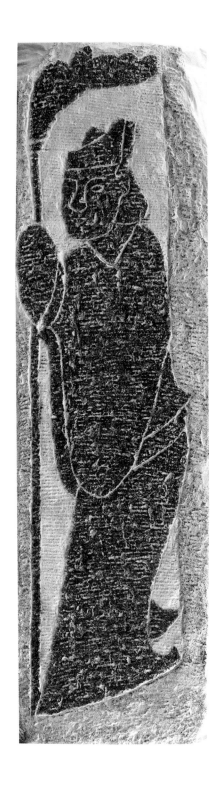

拥彗人物

35 cm ×115 cm　征集于南阳市

画刻一人，戴冠，着长袍，拥彗侧立。

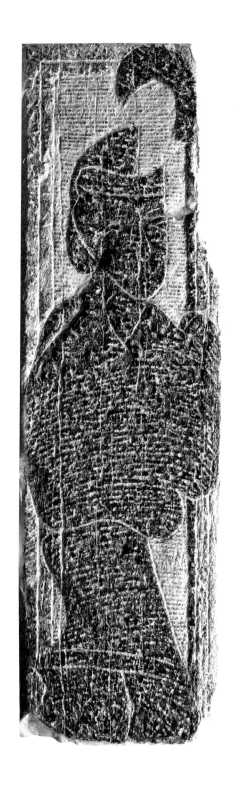

拥彗人物

30 cm ×108 cm　征集于南阳市

画刻一人，戴冠，着长袍，拥彗而立。画像右上角缺块。

拥彗人物

26 cm ×130 cm　征集于南阳市

画刻一人，头戴巾帻，身着长袍，侧身拥彗而立。

拥彗人物

31 cm ×161 cm　征集于南阳市

画刻一人，头戴前低后高状冠，着长袍，双手拥彗，侧身恭立。

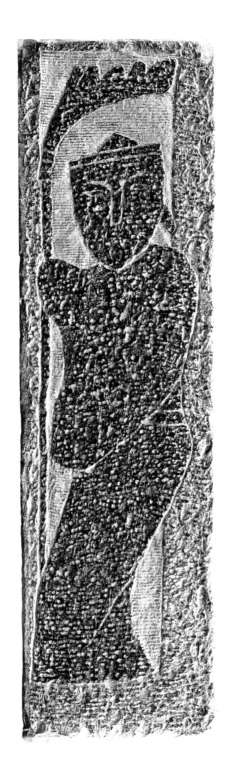

拥彗人物

34 cm ×116 cm　征集于南阳市

画刻一人，头戴巾帻，侧身拥彗而立。

拥彗人物

34 cm × 117 cm   征集于南阳市

画刻一人，头戴巾帻，腿弯曲，双手拥彗于身前。

拥彗人物

32 cm × 97 cm　征集于南阳市城隍庙十字口

画刻一人，头戴巾帻，身着长袍，双手拥彗而立。

画刻一人，头戴巾帻，着长袍，拥彗而立。

拥彗人物

40 cm × 113 cm　征集于南阳市

画刻一人，头戴巾帻，着长袍，拥彗而立。

画刻一人，侧身拥彗恭立。

拥彗人物

27 cm ×150 cm 征集于南阳市

画刻一人，侧身拥彗恭立。

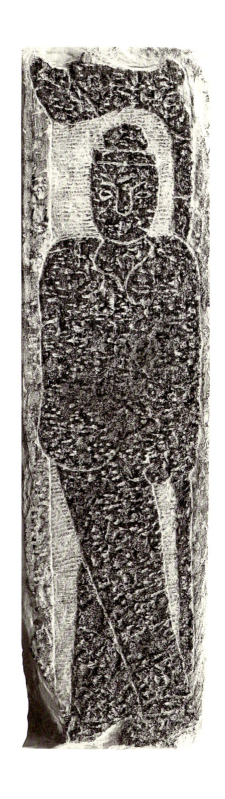

拥彗人物

34 cm ×122 cm   征集于南阳市

画刻一人，头戴巾帻，双手拥彗而立。

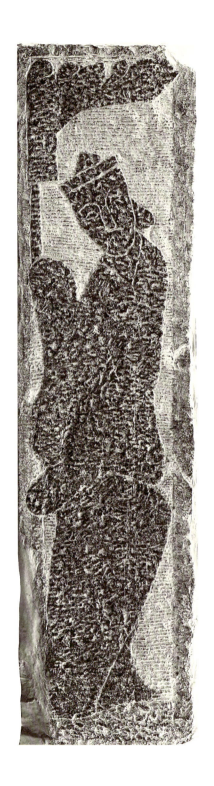

拥彗人物

34 cm×127 cm　征集于南阳市

画刻一人，头戴巾帻，身着长袍，双手拥彗侧立。

画刻一人，头戴巾帻，身着长袍，双手拥彗而立。

拥彗人物

34 cm ×161 cm　征集于南阳市

画刻一人，头戴巾帻，身着长袍，双手拥彗而立。

拥彗人物

34 cm×137 cm　征集于南阳市

画刻一人，头戴巾帻，身穿长袍，双手拥彗而立。

拥彗人物

32 ㎝ ×138 ㎝　征集于南阳市

画刻一人，头戴巾帻，身着长袍，双手拥彗侧立。

拥彗人物

34 cm×128 cm　征集于南阳市

画刻一人，头戴巾帻，身穿长袍，双手拥彗站立。

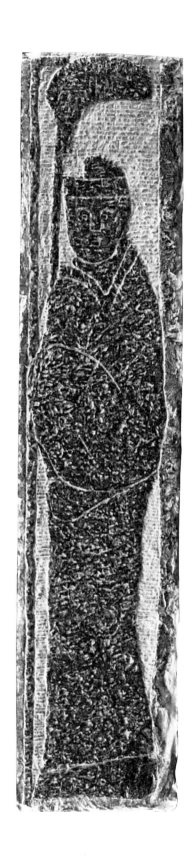

拥彗人物

33 cm ×149 cm　征集于南阳市

画刻一人，戴冠，着袍，拥彗而立。

拥彗人物

27 cm × 152 cm　征集于南阳市

画刻一人，头戴前低后高状冠，身着长袍，双手拥彗而立。

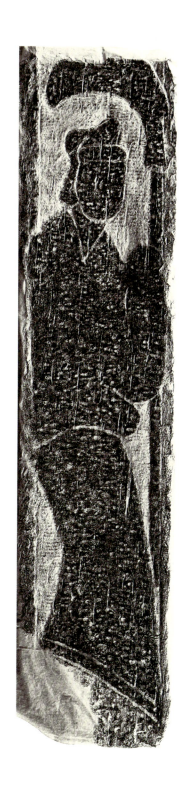

持彗人物

32 cm × 140 cm 征集于南阳市

画刻一人，头戴巾帻，身穿长袍，双手持彗站立。

拥彗人物

36 cm×124 cm　征集于南阳市

画刻一人，头戴巾帻，双手拥彗而立。

拥彗人物

43 cm × 150 cm　征集于南阳市

画刻一人，头戴巾帻，身着长袍，双手拥彗而立。

拥彗人物

33 cm×121 cm　征集于南阳市

画刻一人，戴巾帻，穿长袍，双手拥彗侧立。

拥彗人物

31 cm ×150 cm   征集于南阳市

画刻一人，俯首，背微弓，双手拥彗侧立。

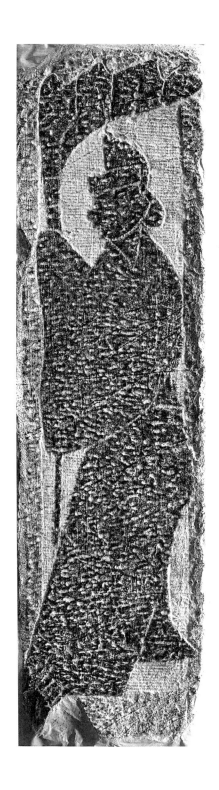

拥彗人物

37 cm ×127 cm　征集于南阳市

画刻一人，头戴巾帻，身穿长袍，双手拥彗侧立。

拥彗人物

33 cm ×128 cm　征集于南阳市

画刻一人，头戴巾帻，身着长袍，双手拥彗侧立。

拥彗人物

32 cm×151 cm　征集于南阳市

画刻一人，头戴前低后高状冠，俯身屈膝，双手拥彗侧立。

画刻一人，头梳华髻，身着宽袖长裾，双手持彗而立。

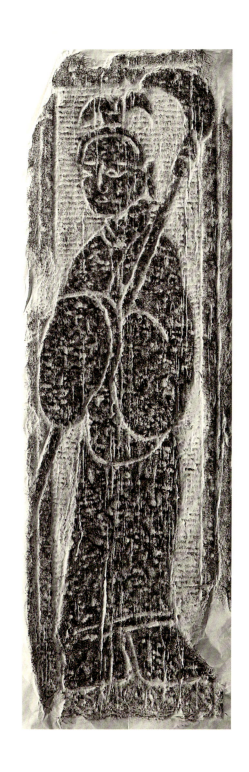

持彗侍女

31 cm ×97 cm　征集于南阳市朝山街

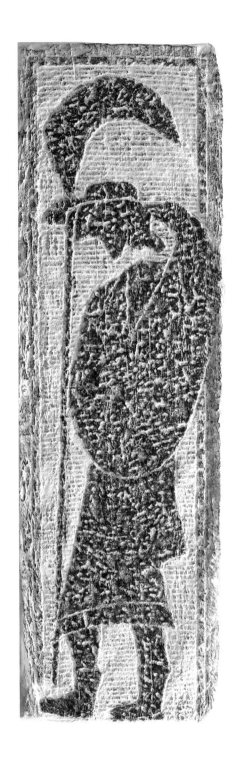

拥彗人物

30 ㎝ ×96 ㎝　征集于南阳市

画刻一人，头戴巾帻，身穿短襦，垂首目视下方，双手拥彗而立。

画刻一人，头戴冠，身着宽袖长袍，双手拥彗侧立。

拥彗人物

36 cm ×132 cm　征集于南阳市

画刻一人，头戴冠，身着宽袖长袍，双手拥彗侧立。

拥彗人物

30 cm×148 cm　征集于南阳市

画刻一人，头戴冠，身着长袍，双手拥彗，躬背低头侧立。人物下半部风化残损。

画刻一人，头束巾，身着长袍，拥彗躬身侧立。

拥彗人物

31 cm ×104 cm　征集于南阳市

画刻一人，头束巾，身着长袍，拥彗躬身侧立。

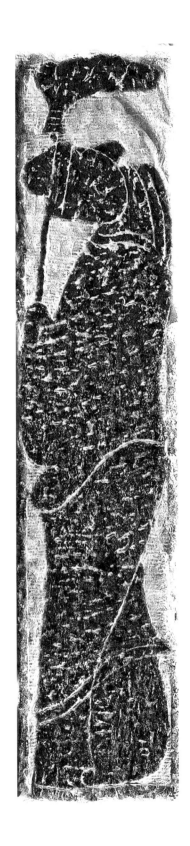

拥彗人物

32 ㎝ ×146 ㎝　征集于南阳市

画刻一人，头束巾，身着长袍，低头弓背，拥彗而立。

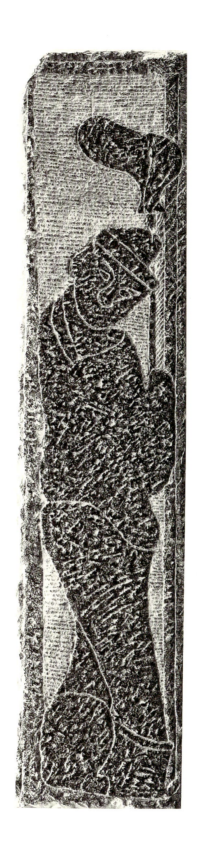

拥彗人物

35 cm ×150 cm　征集于南阳市

画刻一人，头束巾，低头拥彗而立。

拥彗人物

33 cm ×104 cm　征集于南阳市

画刻一人，拥彗而立。

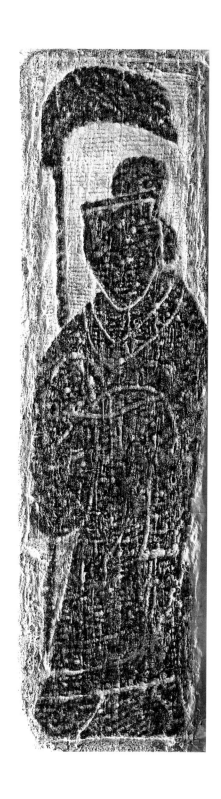

拥彗人物

31 cm ×119 cm 征集于南阳市

画刻一人，戴冠，身着长袍，拥彗而立。

拥彗人物

31 cm × 128 cm　征集于南阳市妇幼保健院

画刻一人，头束巾，身着袍，拥彗而立。

画刻一人，戴冠，身着长袍，执彗而立，彗头残缺（画像石平截去）。

拥彗人物

33 ㎝ ×109 ㎝　征集于南阳市

画刻一人，戴冠，身着长袍，执彗而立，彗头残缺（画像石平截去）。

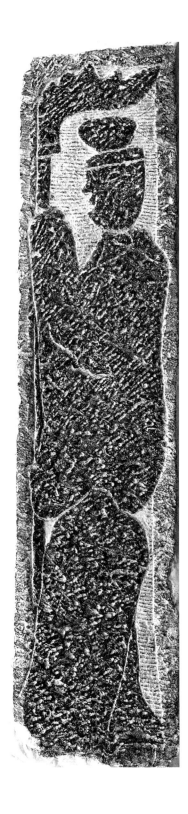

拥彗人物

31 cm ×130 cm　征集于南阳市

画刻一人，头束巾，身着袍，拥彗而立。

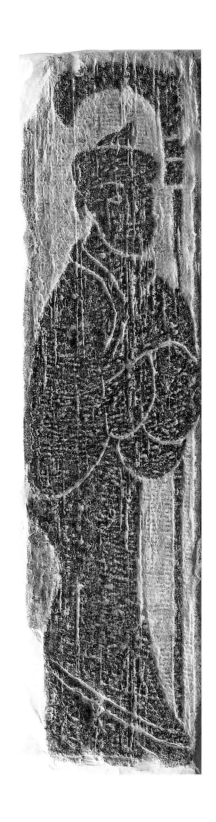

拥彗人物

30 cm ×119 cm   征集于南阳市

画刻一人，头戴巾帻，身着长袍，拥彗而立。画面有漫漶现象。

拥彗人物

52 cm×161 cm　征集于南阳市

画刻一人，头束巾，拥彗而立。

拥彗人物

54 cm ×134 cm　征集于南阳市

画刻一人，头戴巾帻，身着长襦，俯首弓背屈膝，双手拥彗而立。

拥彗人物

53 cm×134 cm　征集于南阳市

画刻一人，戴冠，着长袍，人物衣领相交，衣裾底边后摆翘于身后，双手拥彗而立。人物未刻五官。图像外剔横向平行纹。

拥彗人物

31 cm ×84 cm 征集于南阳市

画刻一人，头戴尖顶帽，身着长衣，拥彗侧立。画面水蚀严重。

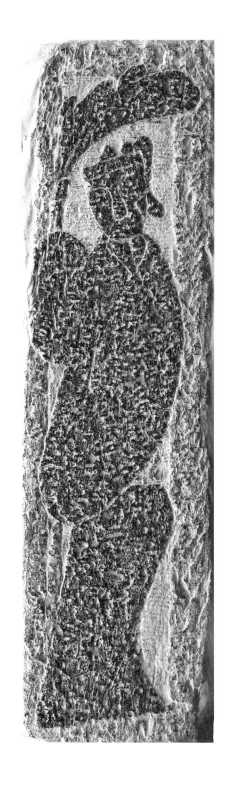

拥彗人物

32 cm ×116 cm　征集于南阳市

画刻一人，拥彗侧立。

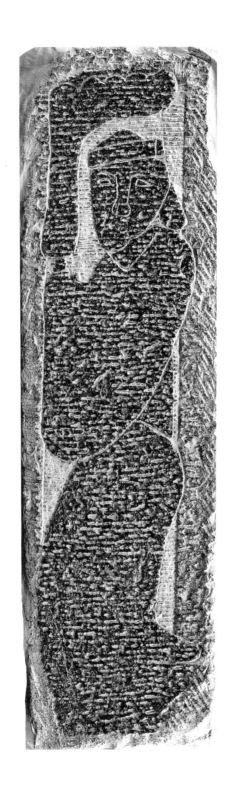

拥彗人物

32 cm × 108 cm　征集于南阳市

画刻一人，头戴巾帻，拥彗侧立。

拥彗人物

32 cm×114 cm　征集于南阳市

画刻一人，头戴巾帻，身着长袍，双手拥彗而立。画面漫漶。

拥彗人物

34 ㎝ ×130 ㎝   征集于南阳市

画刻一人，头束巾，身着长袍，双手拥彗而立。画面漫漶。

拥彗人物

35 cm ×127 cm　征集于南阳市

画刻一人，戴冠，着袍，双手拥彗而立（彗头残）。

拥彗人物

29 cm×113 cm　征集于南阳市

画刻一人，身着长袍，下露两脚，腰间系一袋，双手执彗。

拥彗人物

35 cm × 128 cm　征集于南阳市

画刻一人，戴巾帻，拥彗而立。

拥彗人物

41 cm × 135 cm　征集于南阳市

画刻一人，戴巾帻，着长袍，拥彗侧立。

拥彗人物

34 cm×117 cm　征集于南阳市

画刻一人，头戴巾帻，身着长襦，拥彗恭立。

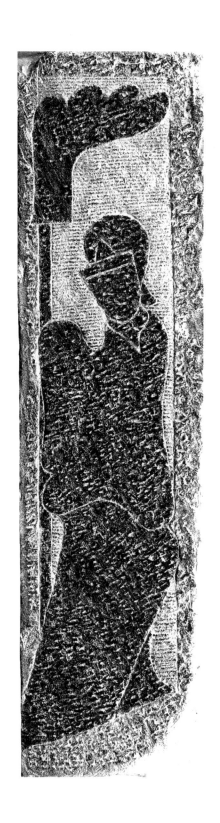

拥彗人物

35 cm ×130 cm　征集于南阳市

画刻一人，戴冠，着长袍，双手拥彗恭立。

拥彗人物

38 cm ×132 cm　征集于南阳市

画刻一人，头戴巾帻，身着长袍，双手拥彗恭立。

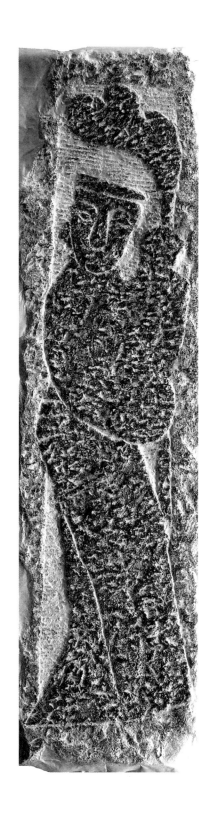

拥彗人物

33 ㎝ ×124 ㎝　征集于南阳市

画刻一人，头戴巾帻，身着长袍，双手拥彗恭立。

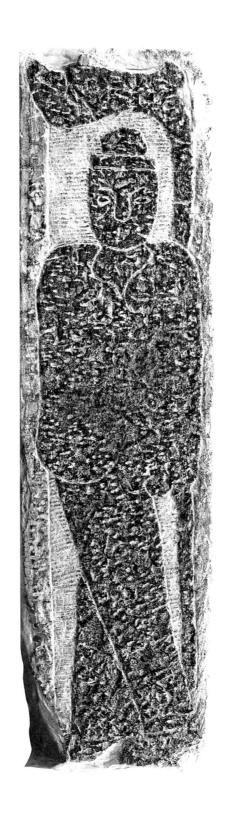

拥彗人物

34 cm×122 cm　征集于南阳市

画刻一人，头戴巾帻，双手拥彗而立。

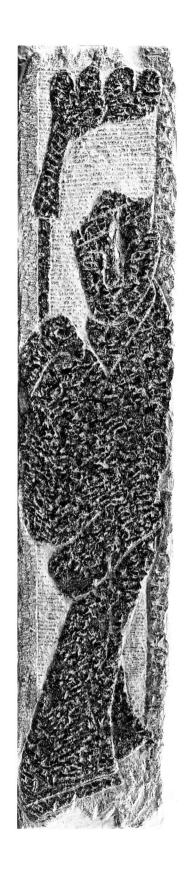

拥彗人物

29 cm × 139 cm　征集于南阳市

画刻一人，头戴巾帻，身着长袍，双手拥彗侧立。

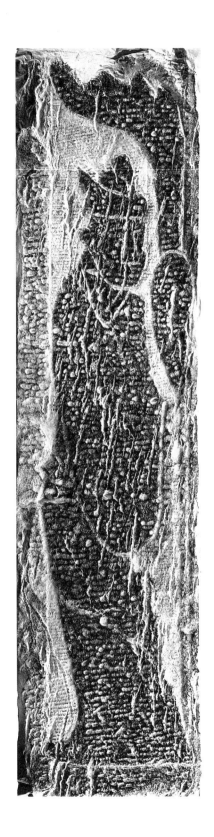

画刻一人，头戴巾帻，身着长袍，双手拥彗侧立。

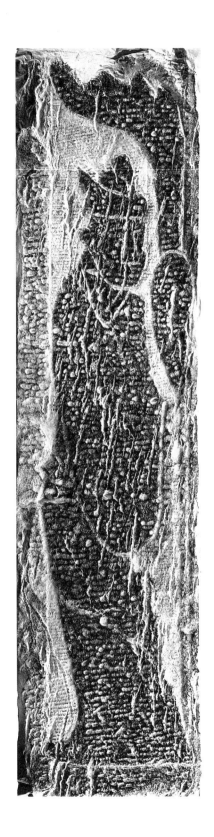

拥彗人物

33 cm ×130 cm　征集于南阳市

画刻一人，头戴巾帻，身着长袍，双手拥彗侧立。

画刻一人，头戴巾帻，身着曲裾长袍，双手拥彗侧立。

拥彗人物

32 cm ×112 cm　征集于南阳市

画刻一人，头戴巾帻，身着曲裾长袍，双手拥彗侧立。

拥彗人物

30 cm×107 cm　征集于南阳市

画刻一人，头戴巾帻，身着长袍，双手拥彗而立。

拥彗人物

45 cm × 150 cm　征集于南阳市

画刻一人，头戴帻，身着袍，双手拥彗侧立。

画刻一人，双手拥彗侧立。

拥彗人物

34 cm×89 cm　征集于南阳市

画刻一人，双手拥彗侧立。

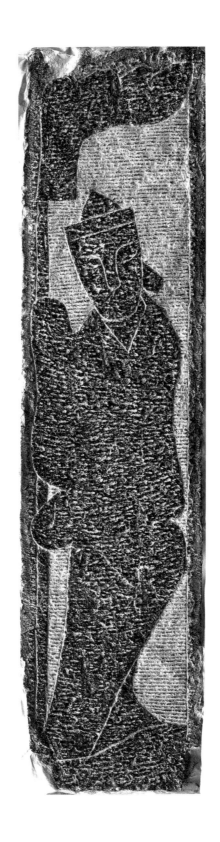

拥彗人物

32 ㎝ ×129 ㎝　征集于南阳市

画刻一人，头戴帻，身着袍，双手拥彗侧立。

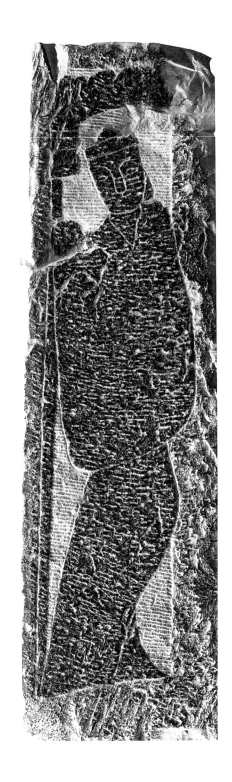

拥彗人物

36 cm×134 cm　征集于南阳市

画刻一人，头戴帻，身穿袍，双手拥彗侧立。

拥彗人物

31 cm×127 cm　征集于南阳市

画刻一人，头戴帻，身穿袍，双手拥彗侧立。

拥彗人物

36 cm ×116 cm　征集于南阳市

画刻一人，头戴巾帻，身穿长衣，双手拥彗侧立。

拥彗人物

32 cm×104 cm　征集于南阳市

画刻一人，头戴巾帻，双手拥彗。人物下部残缺。

拥彗人物

30 cm×148 cm　征集于南阳市

画刻一人，身着长袍，双手拥彗侧立。

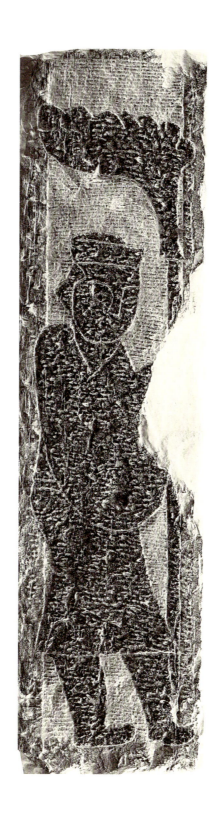

拥彗人物

33 cm×128 cm　征集于南阳市

画刻一人，头束巾，身着短襦，拥彗而立。人物手部缺失。

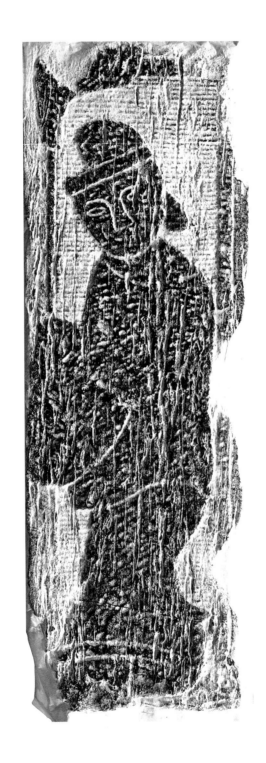

拥彗人物

32 cm ×92 cm　征集于南阳市

画刻一人，头束巾，身着长袍，拥彗而立。画面漫漶。

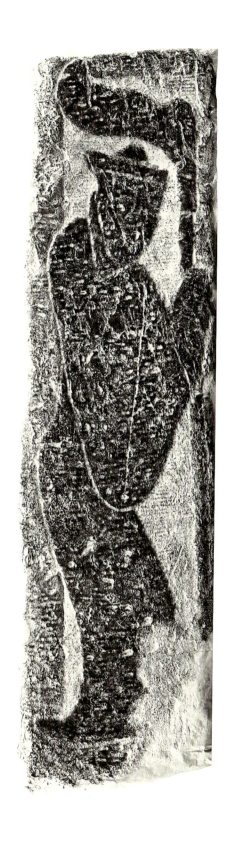

拥彗人物

33 cm ×120 cm　征集于南阳市

画刻一人，头戴巾帻，身着长袍，拥彗而立。

拥彗人物

33 cm × 120 cm　征集于南阳市

画刻一人，头束巾，身着长袍，拥彗侧立。

画刻一人，头戴巾帻，身着短襦，拥彗侧立。

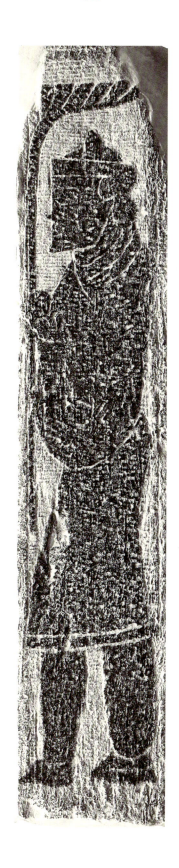

拥彗人物

30 cm × 150 cm   征集于南阳市

画刻一人，头戴巾帻，身着短襦，拥彗侧立。

拥彗人物

54 cm × 126 cm　征集于南阳市

画刻一人，身着宽袖长袍，双手拥彗而立。

拥彗人物

51 cm × 122 cm 征集于南阳市

画刻一人，头戴巾帻，身着宽袖长袍，拥彗而立。

拥彗人物

49 cm ×128 cm　征集于南阳市

画刻一人，头戴巾帻，身着长袍，双手拥彗而立。

執戟人物

执戟人物

34 cm × 160 cm   征集于南阳市

画上刻一熊，四肢张开，扭身回头；下刻一执戟人物。

执戟人物

33 cm ×162 cm　征集于南阳市

画刻一人，戴冠，着袍，双手执戟站立。

执戟人物

33 cm ×134 cm   征集于南阳市

画刻一人，戴冠，着长袍，执戟而立。

画刻一人，戴冠，着长袍，手中执棨戟。画面漫漶不清。

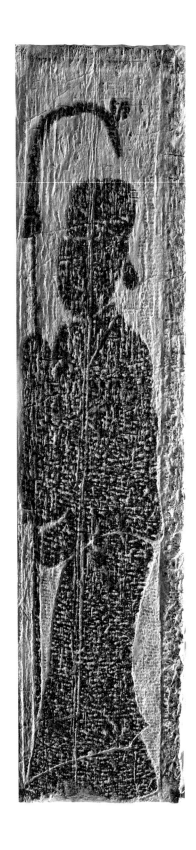

执棨戟人物

33 cm ×137 cm　征集于南阳市

画刻一人，戴冠，着长袍，手中执棨戟。画面漫漶不清。

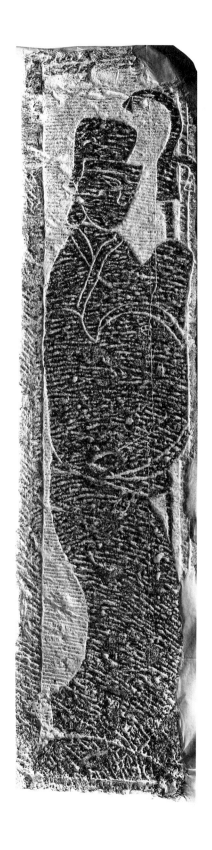

执棨戟人物

39 cm×150 cm　征集于南阳市

画刻一人，戴冠，着长袍，双手执棨戟，戟头有缀饰。

执戟人物

34 cm×128 cm　征集于南阳市

画刻一人，头戴巾帻，双手执一物（似戟，上部残）。

画刻一人，戴冠，着长袍，双手执戟站立，戟头的上部和下部皆有装饰。

执戟人物

30 cm×127 cm　征集于南阳市邢营

画刻一人，戴冠，着长袍，双手执戟站立，戟头的上部和下部皆有装饰。

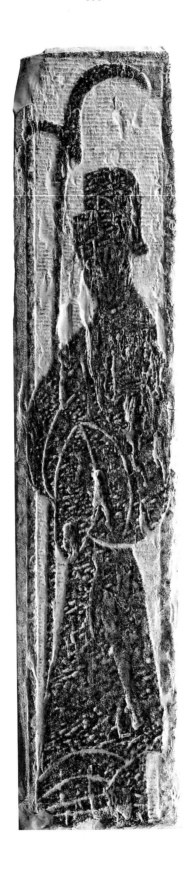

执戟人物

34 cm ×160 cm　征集于南阳市

画刻一人，执戟而立。画面漫漶。

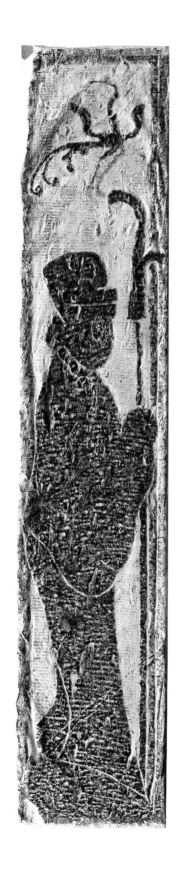

执戟人物

30 cm × 149 cm 征集于南阳市

画上刻一朱雀（漫漶不清）；下刻一人，戴冠，着长袍，双手执戟而立。

执戟人物

34 cm × 136 cm　征集于南阳市

画刻一人，戴冠，着长袍，执戟而立，戟尖有缀饰。

执戟人物

37 cm ×146 cm   征集于南阳市一小

画上刻双环相套；下刻一人，戴冠，着长袍，执戟而立。

画刻一人，戴冠，着长袍，执棨戟而立。

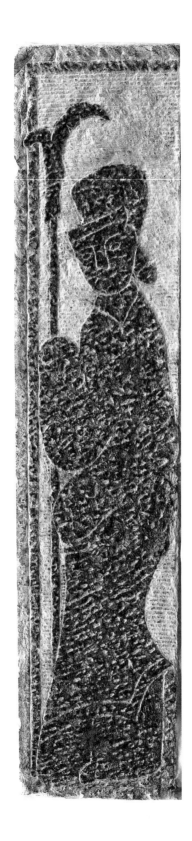

执棨戟人物

28 cm ×125 cm　征集于南阳市

画刻一人，戴冠，着长袍，执棨戟而立。

画刻一人，戴冠，着长袍，侧身执棨戟而立；人物上方刻一熊（头部残），挥扬双臂，顿足扭身。

执棨戟人物

35 cm ×128 cm　征集于南阳市石桥镇

执棨戟人物

40 cm×127 cm　　征集于南阳市石桥镇东

画刻一人，戴冠，着长袍，侧身执棨戟而立；人物上方刻一挥臂扭身之熊。

画刻一人，执棨戟而立。

执棨戟人物

28 cm×162 cm　征集于南阳市

画刻一人，执棨戟而立。

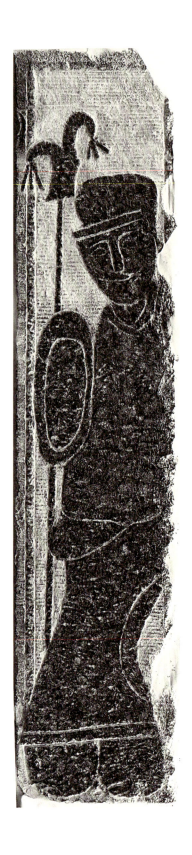

执棨戟人物

30 cm × 136 cm　征集于南阳市

画刻一人，戴前低后高状冠，着长袍，执棨戟侧立。人物主体平面为素面。

画刻一人，戴冠，着长袍，执戟而立。

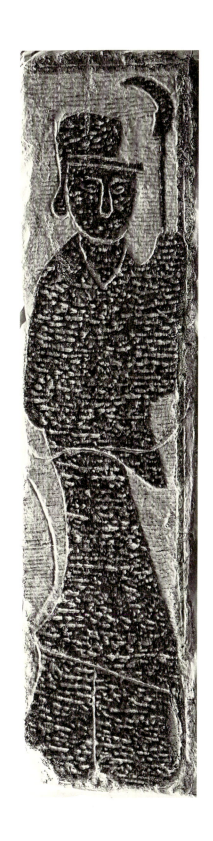

执戟人物

31 cm ×126 cm　征集于南阳市

画刻一人，戴冠，着长袍，执戟而立。

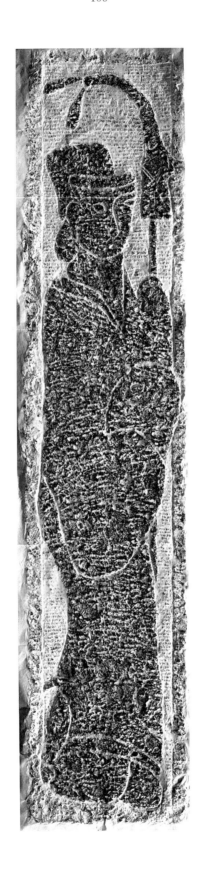

执棨戟人物

36 cm×150 cm　　征集于南阳市

画刻一人，戴冠，着长袍，执棨戟侧立。

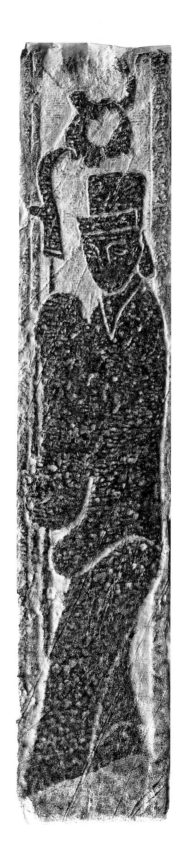

执棨戟人物

32 cm ×161 cm　征集于南阳市麒麟岗

画上刻套环；下刻一人，戴冠，着长袍，持棨戟侧立。

执棨戟人物

38 cm ×137 cm　征集于南阳市

画刻一人，戴冠，着长袍，侧身执棨戟而立。

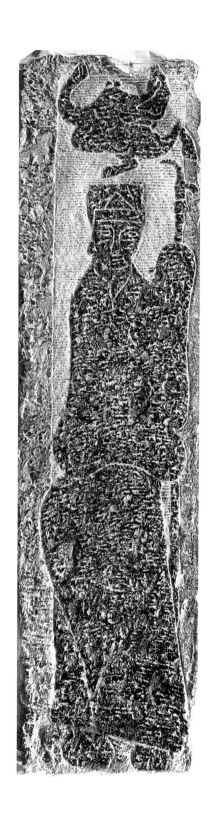

执棨戟人物

35 cm ×130 cm　征集于南阳市

画刻一人，戴冠，着长襦，侧身执棨戟而立；人物上方刻一顿足挥臂熊。

执棨戟人物

28 cm × 151 cm　征集于南阳市

画刻一人，戴前低后高状冠，侧身执棨戟而立；人物上方刻一朱雀。

执槃戟人物

30 cm × 149 cm 征集于南阳市

画上刻相套双环；下刻一人，戴前低后高状冠，着长袍，侧身执槃戟而立。

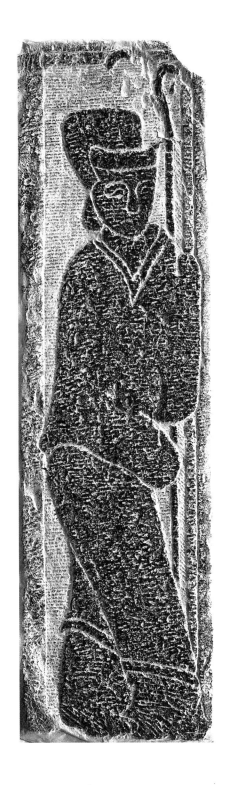

执棨戟人物

38 cm ×118 cm　征集于南阳市

画刻一人，戴前低后高状冠，着长袍，侧身执棨戟恭立。

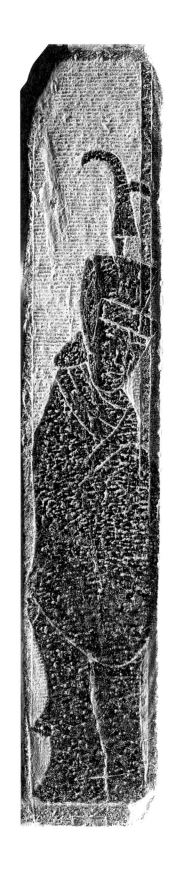

执棨戟人物

33 cm ×161 cm   征集于南阳市

画刻一人，戴冠，着长襦，执棨戟侧立。

画刻一人，头戴前低后高状冠，身着长袍，执棨戟站立。

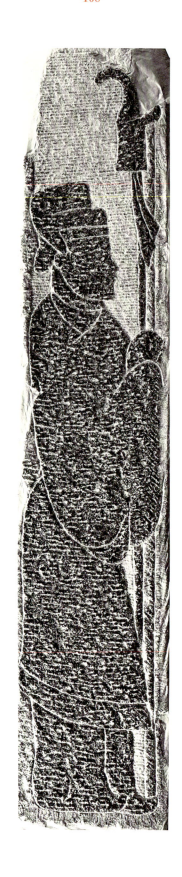

执棨戟人物

34 cm×161 cm　征集于南阳市西关

画刻一人，头戴前低后高状冠，身着长袍，执棨戟站立。

画刻一人，头戴冠，身着袍，双手执棨戟而立。

执棨戟人物

33 ㎝ × 149 ㎝　征集于南阳市

画刻一人，头戴冠，身着袍，双手执棨戟而立。

画刻一人，头戴冠，身着袍，双手执棨戟侧立。

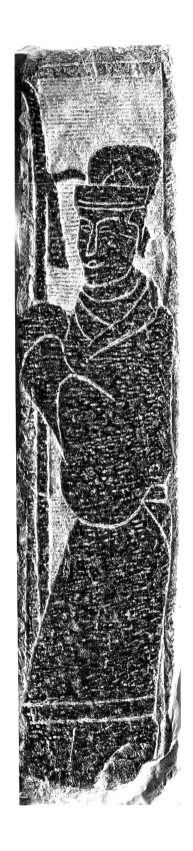

执棨戟人物

28 cm ×129 cm　　征集于南阳市老城区南关

画刻一人，头戴冠，身着袍，双手执棨戟侧立。

画刻一人，执棨戟而立；人物上方刻一顿足扬臂熊。

执棨戟人物

30 cm ×143 cm　征集于南阳市建材实验厂

画刻一人，执棨戟而立；人物上方刻一顿足扬臂熊。

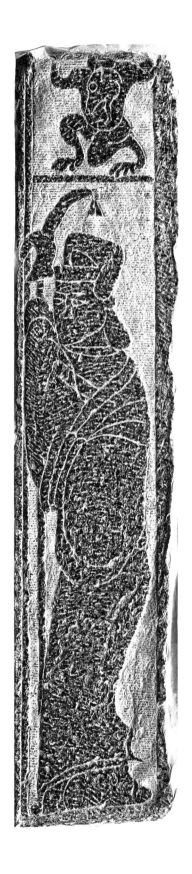

执棨戟人物

37 cm ×158 cm　征集于南阳市

画刻一人，戴冠，着长袍，双手执棨戟而立；人物上方刻一挥臂之熊。

执棨戟人物

32 cm × 140 cm　征集于南阳市

画刻一人，宽袖长袍，双手执棨戟而立。

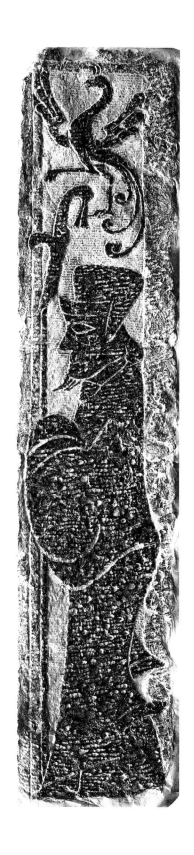

执棨戟人物

34 ㎝ ×150 ㎝　征集于南阳市

画刻一人，戴前低后高状冠，山羊胡须，身着长袍，双手执棨戟而立；人物上方刻一振翅朱雀。

执棨戟人物

33 cm ×149 cm　征集于南阳市英庄

画刻一人，戴前低后高状冠，身着宽袖长袍，双手执棨戟而立。

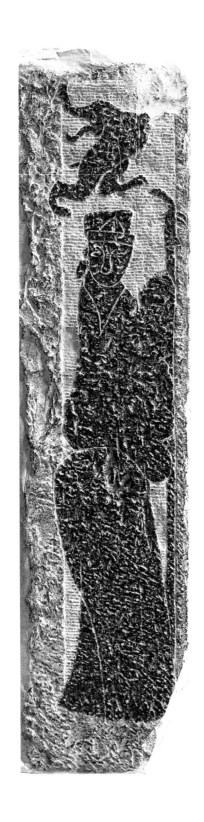

执棨戟人物

36 cm ×127 cm　征集于南阳市

画刻一人，双手执棨戟而立；人物上方刻一顿足扭身挥臂之熊。

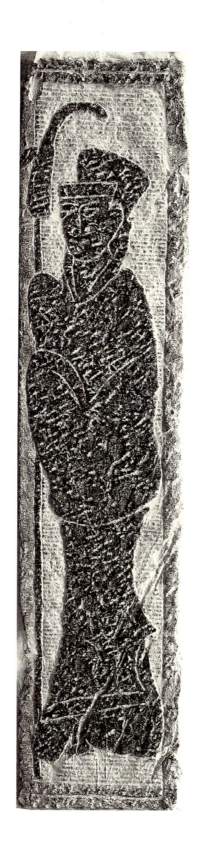

执棨戟人物

35 cm × 135 cm　征集于南阳市八里屯白河岸

画刻一人，戴前低后高状冠，着宽袖曲裾，双手执棨戟站立。

执棨戟人物

38 cm ×153 cm　征集于南阳市

画刻一人，头戴前低后高状冠，身着长袍，双手执棨戟（残）侧立；人物上方刻两环相套悬
于绳索上。

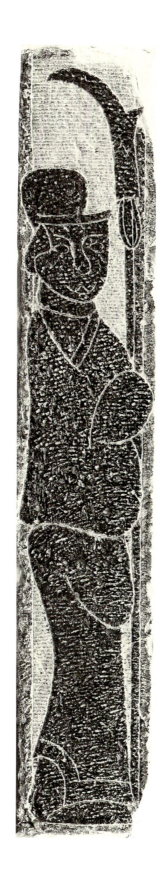

执棨戟人物

32 cm×161 cm　征集于南阳市

画刻一人，戴前低后高状冠，着宽袖长袍，双手执棨戟站立。

执棨戟人物

33 cm ×115 cm　征集于南阳市

画刻一人，戴冠，着长袍，双手持戟而立；人物上方刻一振翅朱雀。

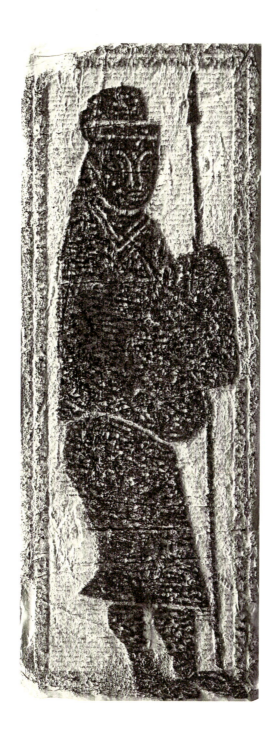

执棨戟人物

34 cm × 89 cm　征集于南阳市

画刻一人，双手执戟而立（戟头残）。

执棨戟人物

33 cm ×155 cm　征集于南阳市

画刻一人，戴冠，着长袍，双手执棨戟而立（原石中断）；人物上方刻双环相套。

画刻一人，戴冠，着长袍，双手持棨戟侧立；人物上方刻一挥臂扭躯回首之熊。

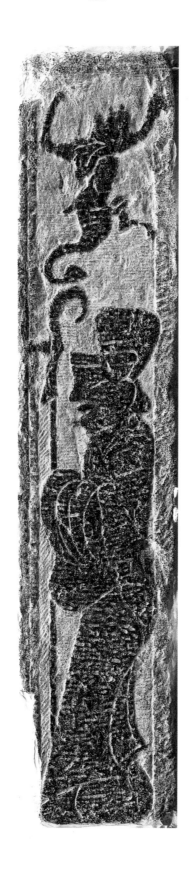

执棨戟人物

32 cm ×147 cm   征集于南阳市

画刻一人，戴冠，着长袍，双手持棨戟侧立；人物上方刻一挥臂扭躯回首之熊。

执棨戟人物

39 cm×160 cm　征集于南阳市文庙

画刻一人，头戴冠，身着宽袖长袍，双手执棨戟而立。

画刻一人，头戴冠，身穿曲裾长袍，双手执棨戟侧立；人物上方刻一扭身挥臂熊。

执棨戟人物

32 cm ×150 cm   征集于南阳市白滩

画刻一人，头戴冠，身穿曲裾长袍，双手执棨戟侧立；人物上方刻一扭身挥臂熊。

执棨戟人物

35 cm × 140 cm　　征集于南阳市英庄

画刻一人，戴前低后高状冠，着宽袖曲裾长袍，双手执棨戟侧立。

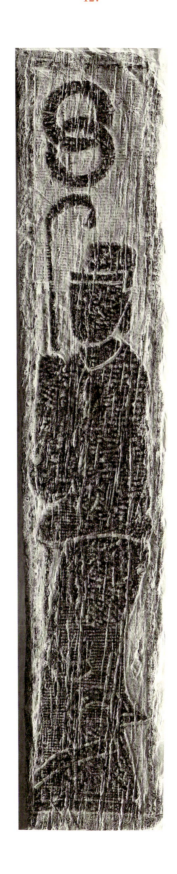

执棨戟人物

34 cm × 150 cm　征集于南阳市

画刻一人，戴冠，着长袍，双手执棨戟而立；人物上方刻两环上下相套连。

执棨戟人物

35 cm×144 cm　征集于南阳市

画刻一人，戴前低后高状冠，着宽袖曲裾袍，双手执棨戟侧立；人物上方刻一扭躯挥臂熊。

执棨戟人物

38 cm × 138 cm　征集于南阳市

画刻一人，戴冠，着长袍，双手执棨戟侧立。

画刻一人，头戴冠，身着袍，双手执棨戟侧立。

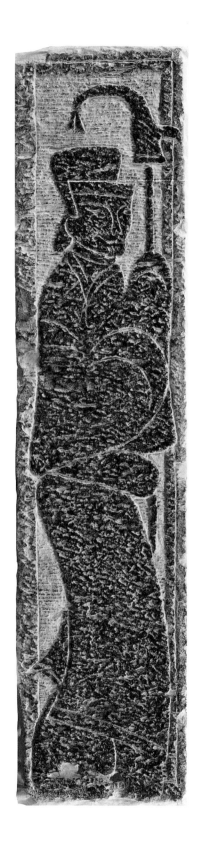

持棨戟人物

34 cm×145 cm　征集于南阳市

画刻一人，头戴冠，身着袍，双手执棨戟侧立。

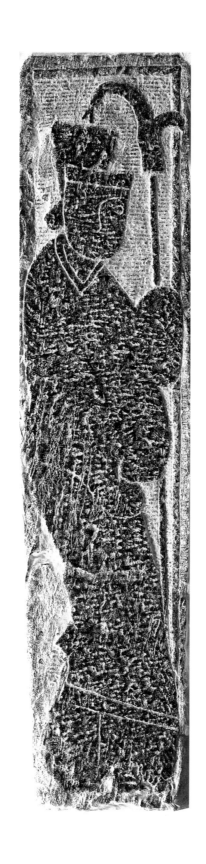

持棨戟人物

32 cm × 138 cm   征集于南阳市

画刻一人，头戴前低后高状冠，身着长裙，双手持棨戟侧立。

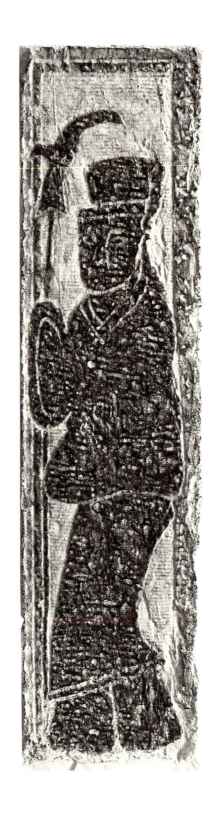

执棨戟人物

33 cm ×128 cm　征集于南阳市东寨门外七孔桥

画刻一人，头戴前低后高状冠，身着长裙，双手执棨戟侧立。

画刻一人，戴冠，着长袍，双手执棨戟侧立；人物上方刻两环相套连。

执棨戟人物

35 cm ×155 cm   征集于南阳市实验小学

画刻一人，戴冠，着长袍，双手执棨戟侧立；人物上方刻两环相套连。

执棨戟人物

33 cm × 135 cm　征集于南阳市八里屯

画刻一人，头戴前低后高状冠，身着宽袖长袍，双手执棨戟侧立。

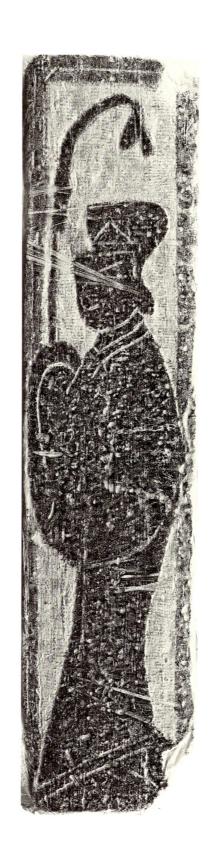

执棨戟人物

34 cm × 139 cm　征集于南阳市

画刻一人，戴冠，着宽袖长袍，双手执棨戟而立。

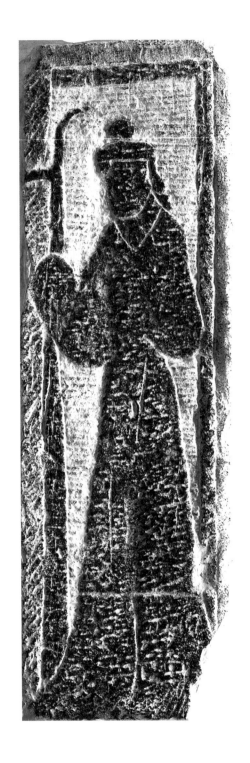

执棨戟人物

26 cm ×82 cm　征集于南阳市

画刻一人，头戴巾帻，身穿长襦，手持棨戟而立。

执棨戟人物

30 cm ×146 cm　征集于南阳市七孔桥

画刻一人，戴冠，着长袍，恭身屈膝，双手执棨戟侧立；人物上方刻一朱雀。

持棨戟人物

31 cm ×126 cm 征集于南阳市

画刻一人，头戴前低后高状冠，着宽袖长袍，双手持棨戟侧立。

持棨戟人物

36 cm ×150 cm 征集于南阳市

画刻一人，头戴冠，身着宽袖长袍，双手持棨戟而立。

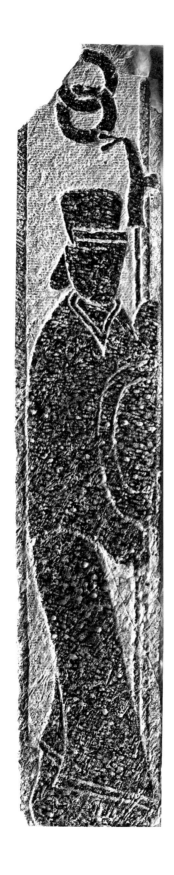

执戟人物

31 cm × 162 cm　征集于南阳市麒麟岗

画上刻双环；下刻一人，戴冠，着长袍，执戟而立。画面上部左角缺块，右角残。

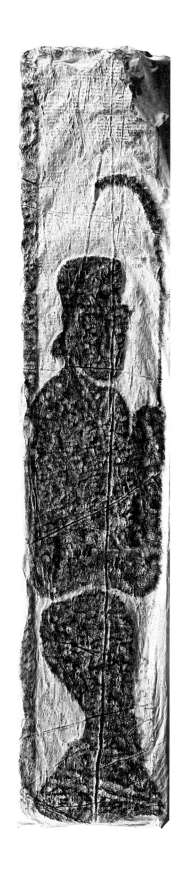

执戟人物

31 cm ×161 cm　征集于南阳市

画刻一人，戴冠，着长袍，双手执戟而立。画面水蚀严重。

执戟人物

33 ㎝ ×113 ㎝　征集于南阳市

画刻一人，戴冠，着袍，执戟而立。

执棨戟人物

26 cm × 140 cm 征集于南阳市邢营

画上刻一熊，扭身回首，四爪张开；下刻一人，戴冠，着袍，执棨戟而立。

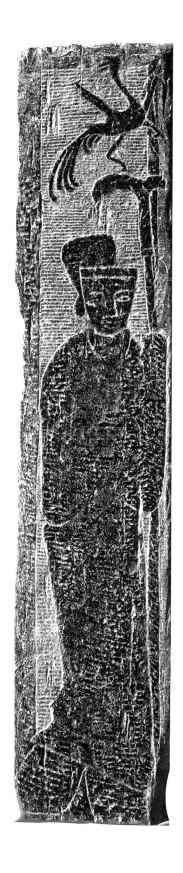

执棨戟人物

30 cm ×141 cm　征集于南阳市

画上刻朱雀；下刻一人，戴冠，着长袍，双手执棨戟。画面有水蚀纹。

画上刻一熊；下刻一人，戴冠，着长袍，执戟而立。

执戟人物

36 cm ×144 cm　征集于南阳市

画上刻一熊；下刻一人，戴冠，着长袍，执戟而立。

执戟人物

35 cm ×127 cm　　征集于南阳市

画刻一人，头戴冠，身着长袍，执戟而立，戟尖有缀饰。画像石断为两段。

画刻一人，戴冠，着袍，双手执戟而立。画像左上角缺块。

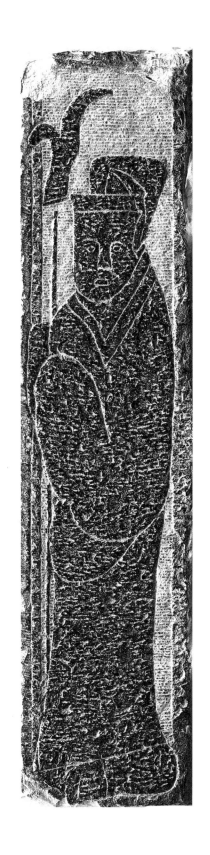

执戟人物

35 ㎝ ×150 ㎝　征集于南阳市

画刻一人，戴冠，着袍，双手执戟而立。画像左上角缺块。

执戟人物

32 cm×131 cm　征集于南阳市

画上刻一熊，张开四爪，扭身站立；下刻一人，头戴冠，身着长袍，双手执戟而立。

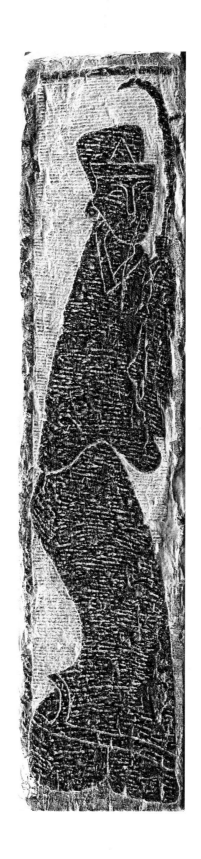

执戟人物

31 cm × 140 cm　征集于南阳市邢营

画刻一人，头戴冠，身着长袍，执戟而立。画面有风化剥落情状。

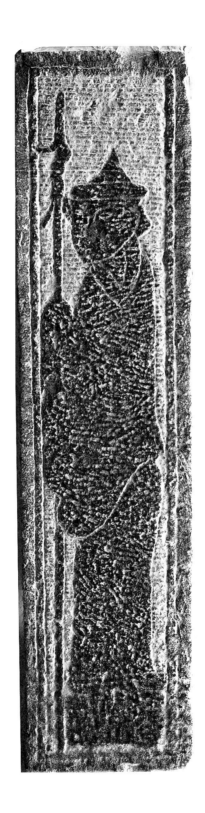

执戟人物

31 cm ×128 cm　征集于南阳市妇幼保健院

画刻人物，头束巾，身着袍，执戟而立，戟头有缀饰。

执戟人物

39 cm × 160 cm 征集于南阳市

画面上刻一鸟，头顶两支花翎；下刻一人，戴冠，着袍，执戟而立。

执戟人物

36 cm×159 cm　征集于南阳市

画刻一人，头戴冠，身着长袍，执戟而立。

执戟人物

30 cm × 164 cm 征集于南阳市

画上刻菱形转环；下刻人物，戴冠，着袍，执戟而立。画面上边框残。

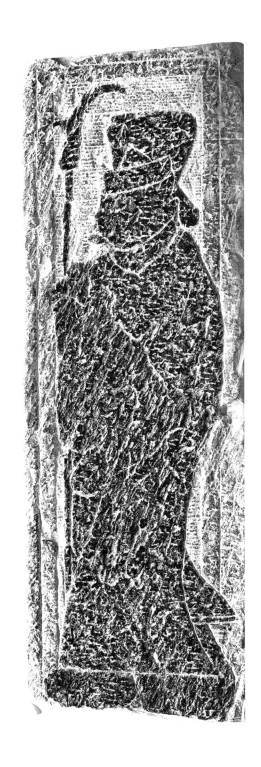

执戟人物

49 cm ×142 cm　征集于南阳市

画刻一人，头戴前低后高状冠，身穿宽袖长襦，双手执戟恭立。图像轮廓外剔横平行纹。画像石表面已水蚀，漫漶严重。

执戟人物

29 cm × 121 cm 征集于南阳市

画刻一人，戴冠，着袍，执戟而立。

执戟门吏

41 cm ×149 cm　征集于南阳市卧龙区七里园乡

画上刻一羽人和一神龟，下为一执戟门吏。

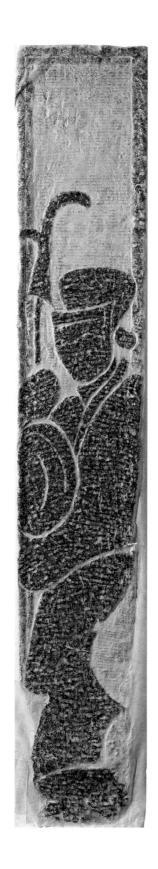

执戟门吏

32 cm ×171 cm　征集于南阳市

画刻一门吏，执戟侧身而立。

画上刻一熊（残），下刻一门吏执戟侧立。

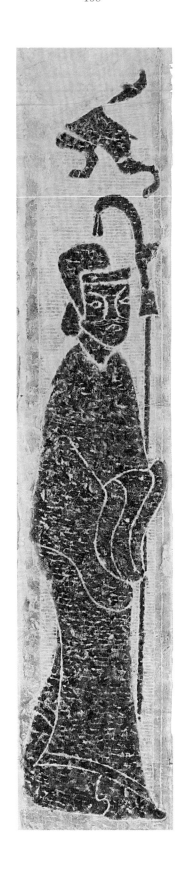

执戟人物

149 cm × 48 cm　　征集于南阳市七孔桥　（已调拨河南博物院）

画上刻一熊（残），下刻一门吏执戟侧立。

执戟人物

30 cm × 127 cm　征集于南阳市

画刻一人，戴冠，着长袍，双手执戟而立。

执戟人物

29 cm × 118 cm　征集于南阳市

画刻一人，戴冠，着长袍，执戟而立。画面漫漶严重。

执戟人物

34 ㎝ ×135 ㎝　征集于南阳市

画刻一人，戴冠，着长袍，执戟而立。

执戟人物

32 cm ×130 cm　征集于南阳市

画刻一人，戴前低后高状冠，执戟而立。

执戟人物

31 cm × 120 cm   征集于南阳市

画上刻一熊（残）；下刻一人，执戟而立。

执戟人物

32 cm ×145 cm　征集于南阳市

画刻一人，执戟侧立；人物上方刻套连双环和一鸟（残）。

执戟人物

34 cm×126 cm 征集于南阳市

画刻一人，戴前低后高状冠，身着长袍，执戟侧立。

执戟人物

30 cm × 140 cm　征集于南阳市

画刻一人，执戟侧立；人物上方刻一朱雀。

画刻一人，执戟而立。画像下部残。

执戟人物

30 cm ×145 cm　征集于南阳市

画刻一人，执戟而立。画像下部残。

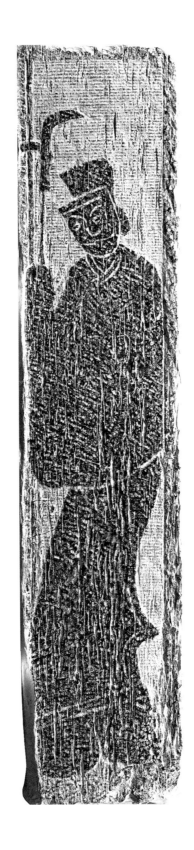

执戟人物

36 cm ×148 cm　征集于南阳市

画刻一人，戴冠，着袍，执戟而立。画面漫漶。

执戟人物

34 cm×161 cm 征集于南阳市

画刻一人，戴冠，着袍，执戟而立。画面有残缺。

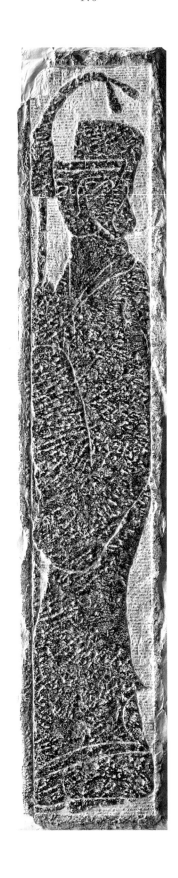

执戟人物

35 cm ×150 cm　征集于南阳市

画刻一人，戴前高后低状冠，执戟恭立。

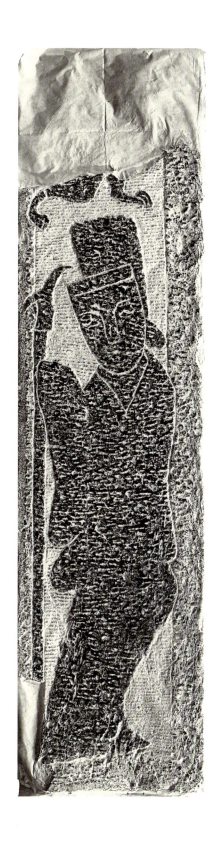

执戟人物

33 cm ×128 cm　征集于南阳市

画刻一人，戴冠，着长袍，执戟侧立；人物上方刻一熊（上部残）。

执戟人物

34 cm × 127 cm　征集于南阳市

画刻一人，戴冠，着长袍，双手执戟侧立。人物上方刻一熊（已残）。

画刻一人，头戴冠，着长袍，执戟侧立；人物上方刻一玄武（上部已残）。

执戟人物

31 cm×140 cm　征集于南阳市

画刻一人，头戴冠，着长袍，执戟侧立；人物上方刻一玄武（上部已残）。

画刻一人，头戴前低后高状冠，身着袍，双手执戟侧立。

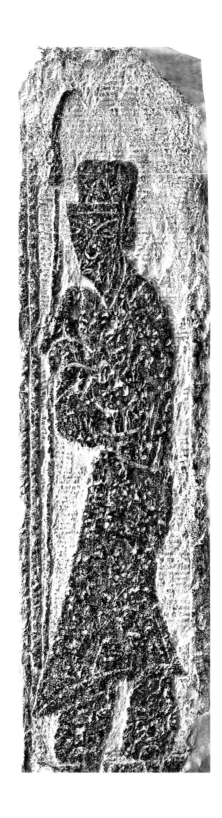

执戟人物

39 ㎝ ×128 ㎝　征集于南阳市

画刻一人，头戴前低后高状冠，身着袍，双手执戟侧立。

执戟人物

37 cm ×126 cm 征集于南阳市

画刻一人，头戴冠，身着袍，双手执戟侧立；人物上方刻一展翅朱雀。画像有残缺。

执戟人物

30 cm×149 cm　征集于南阳市

画刻一人，头戴前低后高状冠，身着长袍，双手执戟侧立；人物上方刻一熊。

画刻一人，戴冠，着袍，双手执戟侧立。

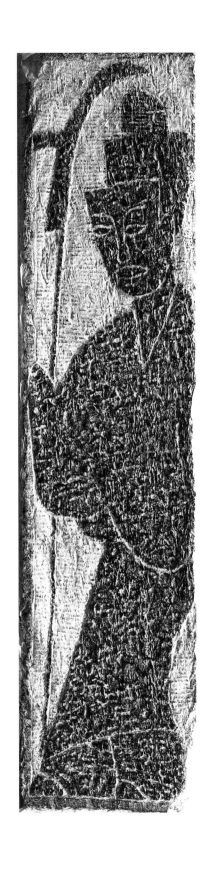

执戟人物

35 cm × 137 cm　征集于南阳市

画刻一人，戴冠，着袍，双手执戟侧立。

画刻一人，头戴冠，身着宽袖长袍，双手执戟侧立；人物上方刻一朱雀。画像左下角缺块。

执戟人物

33 cm ×115 cm　征集于南阳市

画刻一人，头戴冠，身着宽袖长袍，双手执戟侧立；人物上方刻一朱雀。画像左下角缺块。

画刻一人，戴冠，着长袍，执戟而立。

执戟人物

30 ㎝ ×122 ㎝　征集于南阳市

画刻一人，戴冠，着长袍，执戟而立。

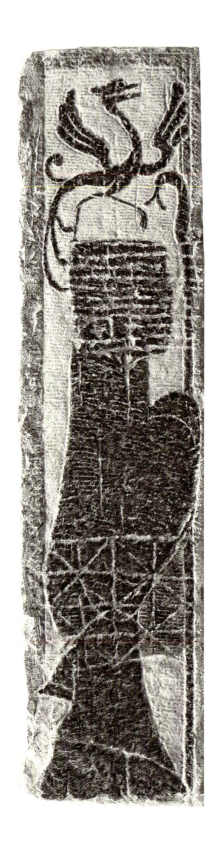

执戟人物

34 cm×131 cm　征集于南阳市

画上刻展翅朱雀；下刻执戟人物，人物头部和臀部遭人为破坏。

执戟人物

执戟人物

58 cm ×157 cm   征集于南阳市

画刻一人，戴冠，着袍，执戟侧立。

画刻一人，戴冠，着袍，执戟侧立。

执戟人物

30 cm × 125 cm　征集于南阳市

画刻一人，戴冠，着袍，执戟侧立。

拥盾人物

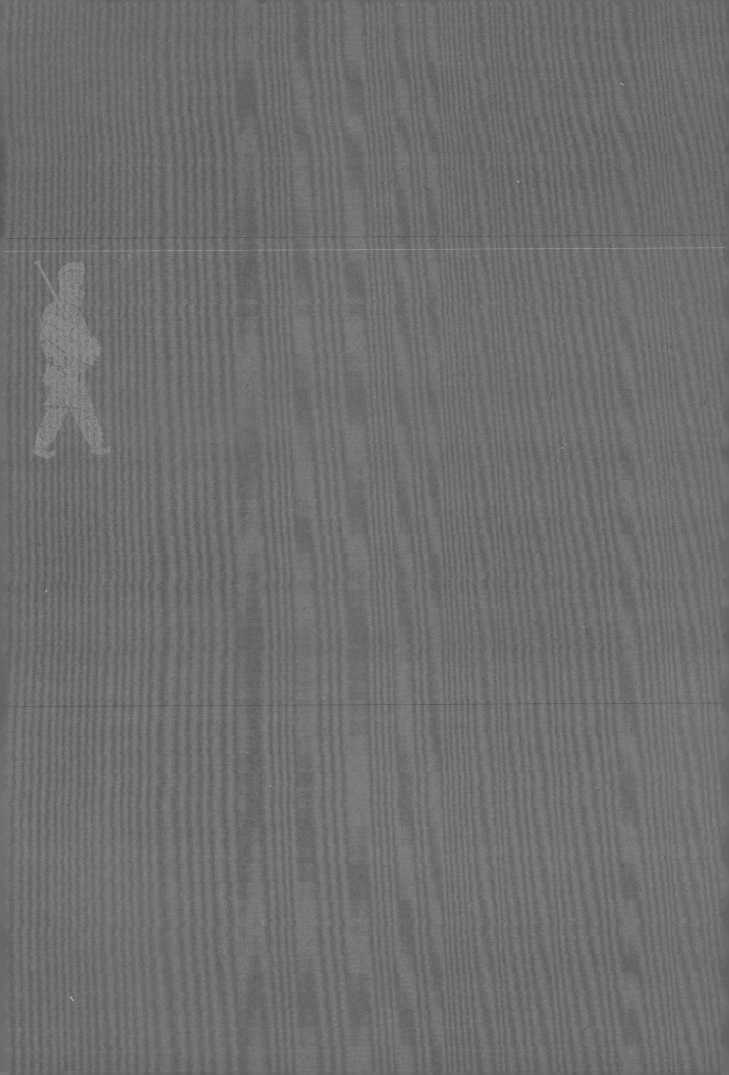

拥盾人物

31 cm×124 cm　征集于南阳市

画刻一人，戴冠，着长襦，双手拥盾于胸前。

执刀立盾人物

25 cm ×95 cm　征集于南阳市

画刻一人，头梳髻，右手握刀，左手立盾于地。

拥盾佩剑人物

39 ㎝ ×97 ㎝   征集于南阳市

画刻一人，深目高鼻，身着襦，拥盾佩剑作行走状。

拥盾人物

27 cm × 161 cm　征集于南阳市

画上刻一熊；下刻一人，戴冠，着袍，拥盾而立。画像上部分熊头、爪处残，左下角缺块。

拥盾人物

32 cm×123 cm　征集于南阳市

画刻一人，头戴冠，拥盾而立。

拥盾人物

26 cm × 140 cm　征集于南阳市

画上刻一鸟，圆眼尖嘴，圆腹有翅，头上生四角，中间两个角上有鸟头状；下刻一人，拥盾而立。

拥盾人物

43 cm ×115 cm　征集于南阳市

画刻一人，戴冠，着长袍，拥盾站立。画面漫漶。

拥盾人物

35 cm ×130 cm　征集于南阳市

画刻一人，头戴冠，着长袍，拥盾而立。画像右上角缺块。

拥盾人物

30 cm ×95 cm　征集于南阳市

画刻一人，戴冠，着长袍，下露两个脚尖，拥盾而立，盾上有水波纹饰。画面有水蚀纹。

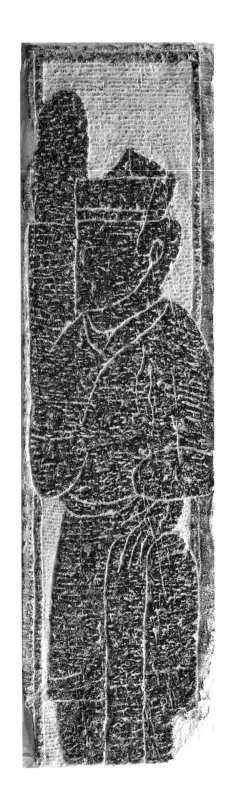

拥盾人物

32 cm ×116 cm　征集于南阳市

画刻一人，戴冠，着长袍，左手扶盾，右肩拥一大棒。画像右下角缺块。

拥盾人物

27 cm×122 cm　征集于南阳市

画刻一人，戴冠，着长袍，拥盾侧立。画像左边框残。

拥盾人物

30 cm ×95 cm　　征集于南阳市

画刻一人，戴冠，着长袍，拥盾而立。画像左上角缺块，下部左右边框残。

拥盾人物

32 cm ×128 cm　征集于南阳市

画刻一人，双手拥盾于腹前；人物上方刻一熊，熊扭身挥举双臂。

拥盾人物

48 cm × 102 cm　征集于南阳市

画刻一人，戴冠，着长袍，正面拥盾而立。

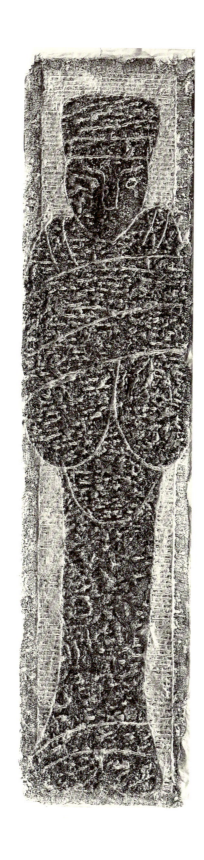

拥盾人物

29 cm ×125 cm　征集于南阳市

画刻一人，戴冠，着长袍，双手拥盾于胸前。

拥盾人物

32 cm × 137 cm　征集于南阳市英庄

画刻一人，正面立，双手拥盾于胸腹前。

捧盾人物

30 cm × 149 cm　征集于南阳市

画刻一人，双手捧盾于胸腹前；人物上方刻一朱雀。画像右上角残缺。

拥盾人物

32 cm×162 cm　征集于南阳市

画刻一人，戴冠，着长襦，双手拥盾；人物上方刻十字转环图。

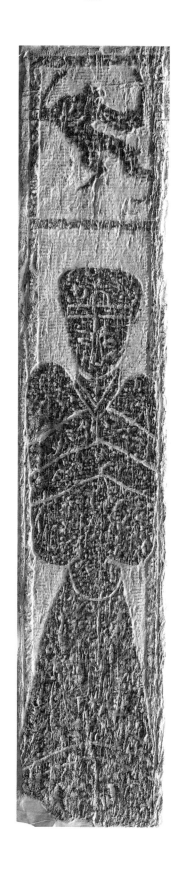

拥盾人物

29 cm ×150 cm　征集于南阳市

画刻一人，戴冠，着长襦，双手拥盾于胸腹前；人物上方刻一顿足挥臂熊。

拥盾人物

34 cm × 122 cm　征集于南阳市

画刻一人，头戴冠，身着袍，双手拥盾于胸腹前；人物上方刻一圆腹怪鸟。

画刻一人，双手拥盾于胸腹前；人物上方刻一挥臂熊。

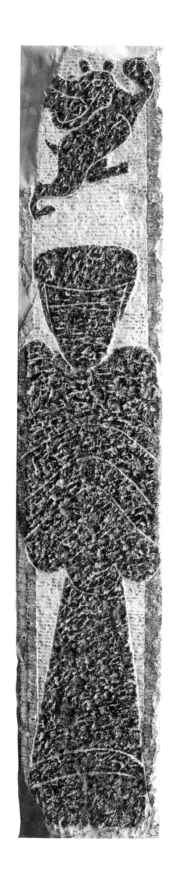

拥盾人物

34 cm ×137 cm　　征集于南阳市

画刻一人，双手拥盾于胸腹前；人物上方刻一挥臂熊。

拥盾人物

32 cm × 138 cm　征集于南阳市

画刻一人，正面双手拥盾而立；人物上方刻一圆腹怪鸟，鸟颈部又长出四个长颈鸟头。

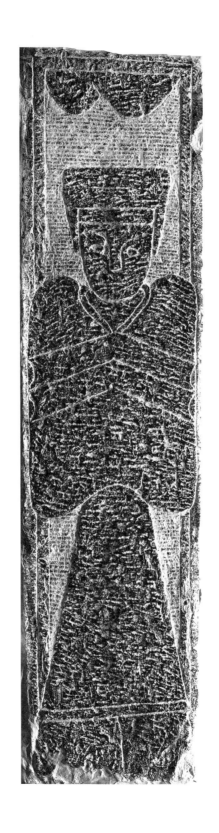

拥盾人物

35 cm × 136 cm 征集于南阳市

画刻一人，头戴冠，身着长袍，正面双手拥盾而立。人物上方刻垂幔形图案。

拥盾人物

47 cm × 107 cm　征集于南阳市

画刻一人，双手拥盾正面立。人物上方刻菱形穿环图案。

执盾人物

31 cm × 142 cm　征集于南阳市

画刻一人，双手拥盾正面立；人物上方刻两环套连。该人物为素面阴线刻。

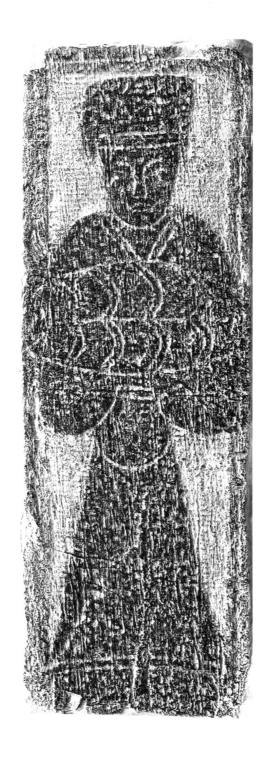

拥盾人物

31 cm ×89 cm　征集于南阳市

画刻一人，戴冠，着长袍，双手拥盾正面立。

捧盾人物

31 cm×151 cm　征集于南阳市

画刻一人，戴冠，着长袍，双手捧盾正面而立；人物上方刻一挥臂熊，熊头部残。

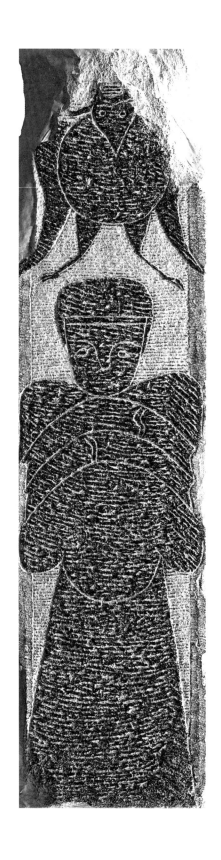

捧盾人物

33 cm×128 cm　征集于南阳市七孔桥

画刻一人，头戴前低后高状冠，身着袍，双手拥盾于胸前；人物上方刻一怪鸟，圆腹，尖喙，多头（上部残）。

画刻一人，头戴前低后高状冠，着长裙，束腰，双手捧盾正面立。

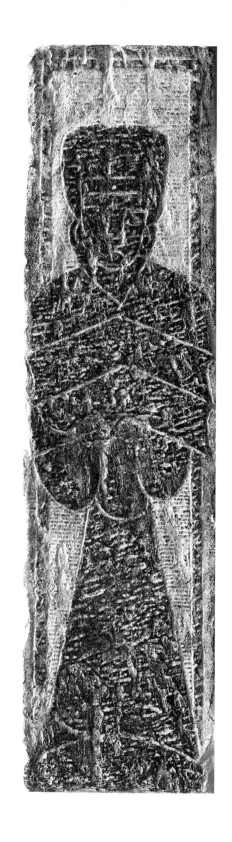

捧盾人物

30 cm ×113 cm　征集于南阳市

画刻一人，头戴前低后高状冠，着长裙，束腰，双手捧盾正面立。

画刻一人，头戴冠，身着长袍，双手捧盾正面而立。该人物头大、身小，下体短。

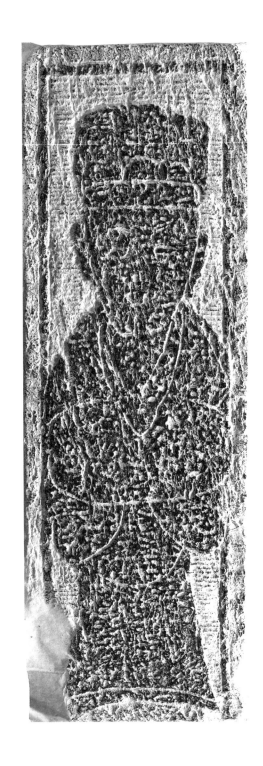

捧盾人物

33 cm ×96 cm　征集于南阳市

画刻一人，头戴冠，身着长袍，双手捧盾正面而立。该人物头大、身小，下体短。

捧盾人物

32 cm ×98 cm 征集于南阳市

画刻一人，戴冠，着长袍，双手捧盾正面立。

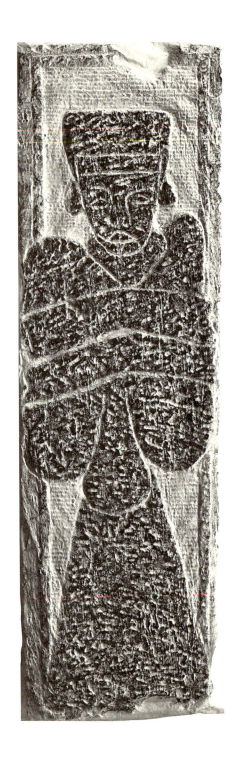

拥盾人物

31 cm ×100 cm　征集于南阳市

画刻一人，头戴冠，身着长袍，肩微上耸，腰部束细，双手拥盾正面立。

捧盾人物

28 cm × 137 cm　征集于南阳市

画刻一人，戴前低后高状冠，身着长袍，双手捧盾于胸腹前正面立；人物上方刻一顿足挥臂
扭躯之熊。

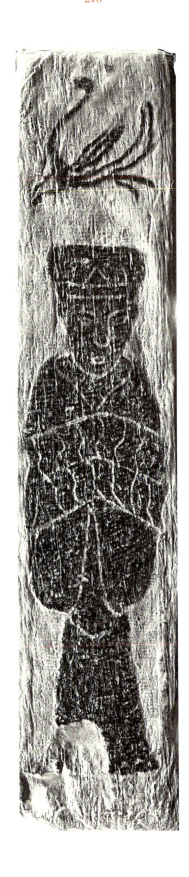

捧盾人物

32 cm × 148 cm　征集于南阳市

画刻一人，头戴冠，身着长裙，双手捧盾于胸前；人物上方刻一朱雀。

拥盾人物

30 ㎝ ×148 ㎝　征集于南阳市

画刻一人，戴冠，着长袍，双手拥盾正面立；人物上方刻一阙，阙顶刻一凤鸟。

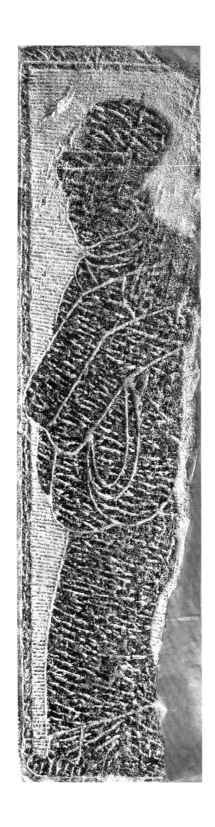

执盾人物

33 cm × 129 cm　征集于南阳市

画刻一人，戴冠，着长袍，拥盾而立。画面右边框下部残。

执刀扶盾人物

32 cm × 112 cm 征集于南阳市

画刻一人，戴冠，着长袍，右手举刀，左手扶盾而立。

执盾人物

32 cm × 149 cm　征集于南阳市

画上刻一阙，阙顶上似刻一鸟，但已漫漶不清；下刻一人，头戴冠，身着长袍，拥盾而立。

执盾人物

33 cm × 104 cm　征集于南阳市

画刻一人，拥盾而立。画像左上角缺角。

拥盾人物

30 cm×130 cm　征集于南阳市王庄

画上刻一鸟，鼓腹，头部残；下刻一人，拥盾而立。画面有风化剥落情状。

拥盾人物

49 cm ×128 cm　征集于南阳市妇幼保健院

画刻一人，头戴冠，身着袍，拥盾而立。

执盾人物

31 cm×130 cm　征集于南阳市

画上刻一鸟，鼓腹圆眼，两脚两翼；下刻一人，拥盾而立。

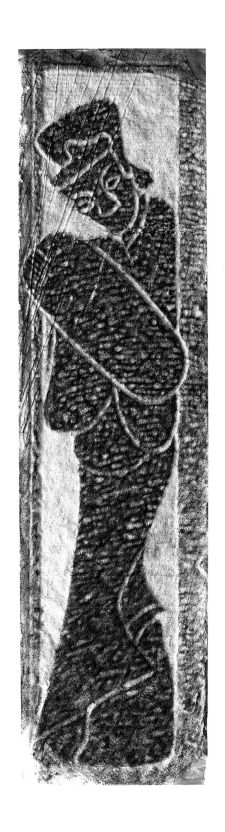

拥盾人物

34 cm ×127 cm　征集于南阳市东门外七孔桥

画刻一人，戴冠，着袍，拥盾而立。

执盾人物

34 cm × 132 cm　征集于南阳市

画上刻十字穿环；下刻人物，戴冠，着袍，拥盾而立。画面左上角及下部两角缺块。

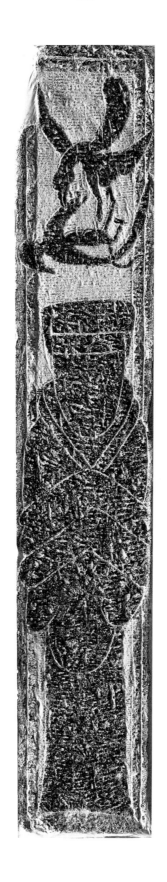

拥盾人物

26 cm ×145 cm　征集于南阳市卧龙区七里园乡

画上刻两鸟，伸颈相啄；下刻一人，戴冠，着袍，拥盾而立。画像左上边框残。

拥盾人物

33 cm ×150 cm　征集于南阳市英庄

画刻一人，戴冠，着长袍，双手拥盾于胸前；人物上方刻一鸟，鸟嘴衔一鱼。画像左上边框残。

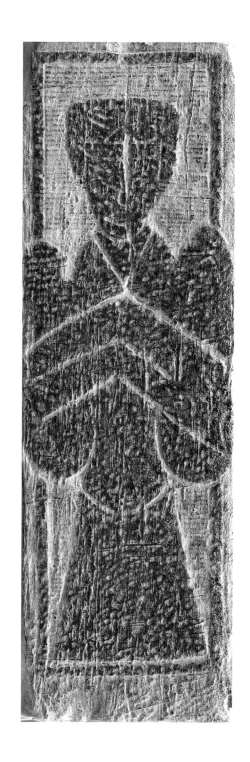

拥盾人物

31 cm ×97 cm 征集于南阳市

画刻一人，拥盾而立。画面水蚀严重。

拥盾人物

30 cm ×164 cm　征集于南阳市

画上刻一朱雀，昂首展翅；下刻一人物，拥盾正面而立。

拥盾人物

30 cm ×136 cm　征集于南阳市

画上刻一朱雀，展翅弯尾；下刻一人物，拥盾侧立。

拥盾人物

26 cm×100 cm　征集于南阳市

画刻一人，戴冠，着袍，拥盾而立。

画刻一人，拥盾而立。

拥盾人物

46 cm ×109 cm　征集于南阳市

画刻一人，拥盾而立。

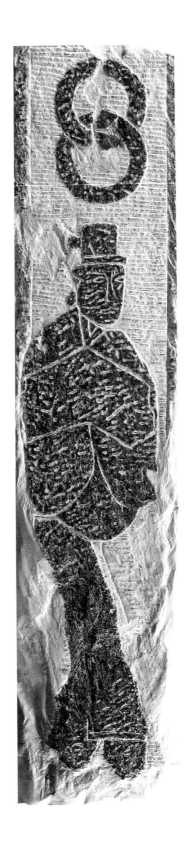

拥盾人物

35 cm×151 cm　征集于南阳市

画上刻相连双环；下刻一人，戴冠，拥盾，人物下半部残缺漫漶。

画上刻一圆身、尖嘴鸟，下刻一人拥盾。画面局部残缺漫漶。

拥盾人物

32 cm × 122 cm　征集于南阳市

画上刻一圆身、尖嘴鸟，下刻一人拥盾。画面局部残缺漫漶。

拥盾人物

50 cm×116 cm　征集于南阳市

画刻一人，戴冠，着长袍，拥盾而立。画像右上边框残。

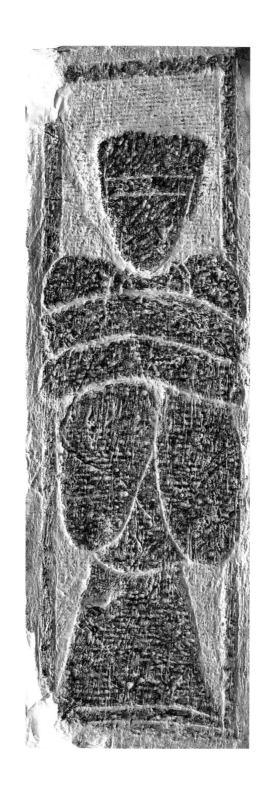

拥盾人物

32 cm × 100 cm　征集于南阳市

画刻一人，戴冠，着袍，拥盾而立。

拥盾人物

32 cm×116 cm　征集于南阳市

画上刻一鸟，尖嘴鼓腹，头生两角；下刻一人，拥盾而立。画面局部漫漶不清。

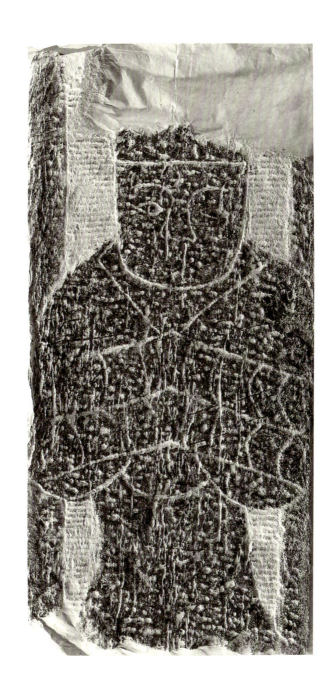

拥盾人物

32 cm ×66 cm   征集于南阳市

画刻一人，拥盾，头部残，下身不完整。

拥盾人物

32 cm ×110 cm　征集于南阳市

画刻一人，拥盾而立。部分画面漫漶。

拥盾人物

26 cm ×62 cm　征集于南阳市

画刻一人，拥盾而立，下半部缺失。

画刻一人，双手拥盾侧立。

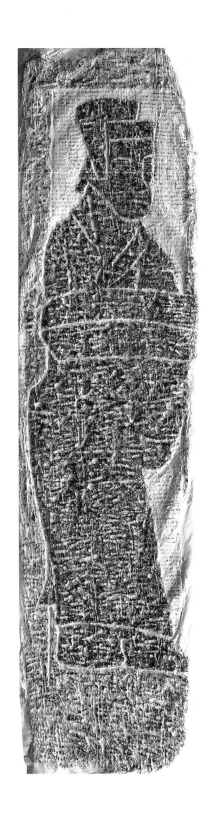

拥盾人物

36 cm ×140 cm　征集于南阳市

画刻一人，双手拥盾侧立。

捧盾人物

36 cm ×168 cm　征集于南阳市

画刻一人，双手捧盾而立。

拥盾人物

29 cm×89 cm　征集于南阳市

画刻一人，头戴前低后高状冠，双手拥盾正面而立。

拥盾人物

31 cm×148 cm 征集于南阳市

画刻一人，双手拥盾而立。

拥盾人物

33 cm ×130 cm　征集于南阳市

画刻一人，戴冠，着袍，双手捧盾正面而立；人物上方刻一圆腹尖嘴怪鸟。画面右上角残。

拥盾人物

34 cm ×121 cm 征集于南阳市

画上刻一圆腹尖喙多头鸟；下刻一人，双手拥盾正面立。

捧盾人物

32 cm ×149 cm　征集于南阳市

画刻一人，戴冠，着袍，束腰，双手捧盾正面而立；人物上方刻一扭身回首之熊。

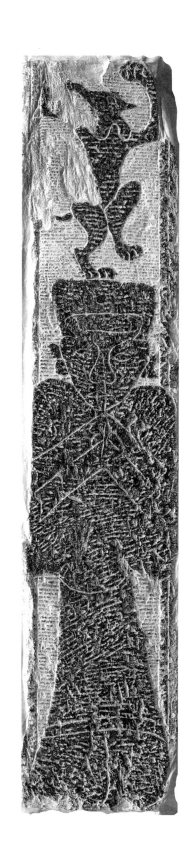

捧盾人物

32 cm × 147 cm　征集于南阳市

画刻一人，戴冠，着袍，束腰，双手捧盾于胸前；人物上方刻一举双臂回首扭身之熊。

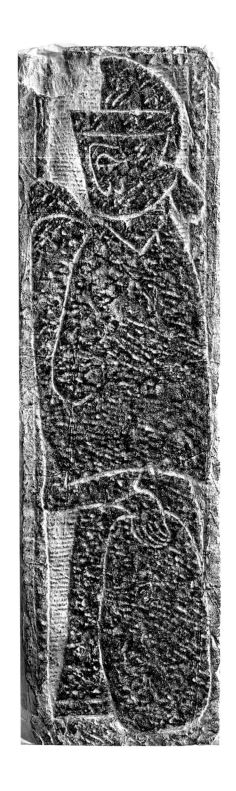

扶盾人物

31 cm ×100 cm　征集于南阳市

画刻一人，头戴巾帻，左手执物，右手扶一盾牌。

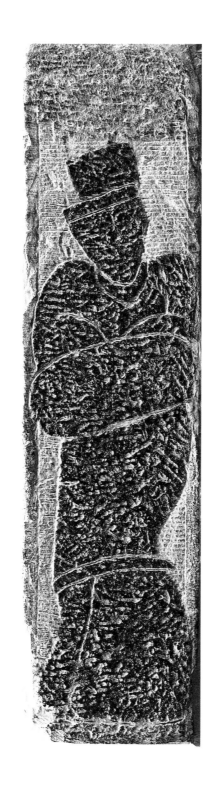

拥盾人物

27 cm×107 cm　征集于南阳市

画刻一人，着宽袖长袍，双手拥盾于胸前。

捧盾人物

33 cm × 129 cm　征集于南阳市

画刻一人，戴冠，着袍，双手捧盾于胸前；人物上方刻一扭身回首之熊。

画刻一人，戴前低后高状冠，着宽袖长袍，双手捧盾于胸前；人物上方刻一圆腹怪鸟，鸟上部残。

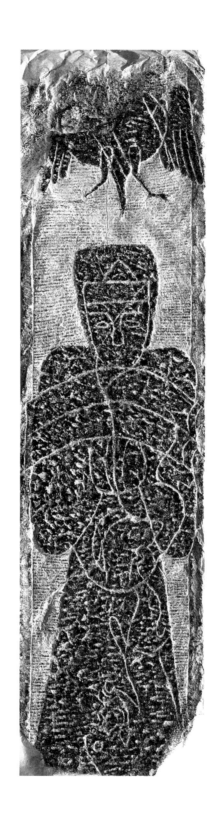

捧盾人物

33 cm × 129 cm　征集于南阳市

画刻一人，戴前低后高状冠，着宽袖长袍，双手捧盾于胸前；人物上方刻一圆腹怪鸟，鸟上部残。

拥盾人物

25 cm ×146 cm　征集于南阳市

画上刻一鱼鹰两脚踩一鱼，鱼鹰上半身残缺；下刻一人，戴冠，着袍，拥盾而立。

画刻一人，拥盾而立。画像右下角缺块。

拥盾人物

32 cm ×92 cm　征集于南阳市

画刻一人，拥盾而立。画像右下角缺块。

拥盾人物

25 cm ×92 cm　征集于南阳市

画刻一人，戴冠，着袍，束腰，拥盾而立。画面有水蚀纹。

拥盾人物

33 cm ×119 cm 征集于南阳市

画刻一人，戴冠，着袍，拥盾正立。

拥盾人物

32 cm ×150 cm　征集于南阳市

画上刻双环（残）；下刻一人，戴冠，着袍，拥盾而立。

捧盾人物

33 cm × 70 cm   征集于南阳市

画刻一人，戴冠，捧盾。画面残缺。

拥盾人物

55 cm×135 cm　征集于南阳市

画刻一人，拥盾而立。画面风化严重。

执笏人物

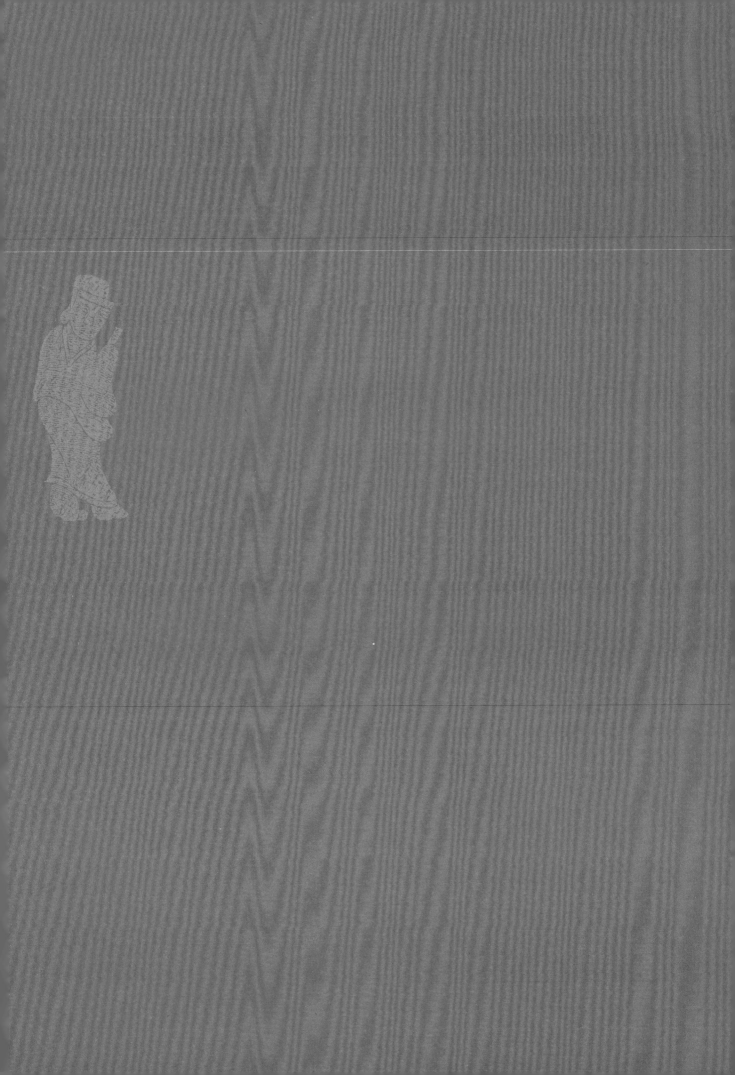

画刻一人，头戴巾帻，身着长袍，双手执笏站立。

执笏人物

25 cm × 110 cm　征集于南阳市

画刻一人，头戴巾帻，身着长袍，双手执笏站立。

执笏人物

34 cm ×124 cm　　征集于南阳市第二化工厂

画刻一人，戴冠，着长襦，双手持笏侧立；人物上方刻一朱雀。

执笏人物

执笏人物

28 cm × 136 cm　征集于南阳市

画上刻一人，赤身，弓步举手；下刻一人，戴冠，着长袍，双手执笏恭立。

画刻一人，头戴武弁，执笏侧立。

执笏人物

28 cm × 124 cm　征集于南阳市

画刻一人，头戴武弁，执笏侧立。

执笏人物

34 cm ×128 cm　征集于南阳市

画上刻一熊，扭头下蹲，一爪上扬，一爪下探；下刻一人，戴冠，着袍，执笏侧立。

画上刻一人，身着长袍，执笏而立；下刻菱形转环。

执笏人物

25 cm×113 cm　征集于南阳市

画上刻一人，身着长袍，执笏而立；下刻菱形转环。

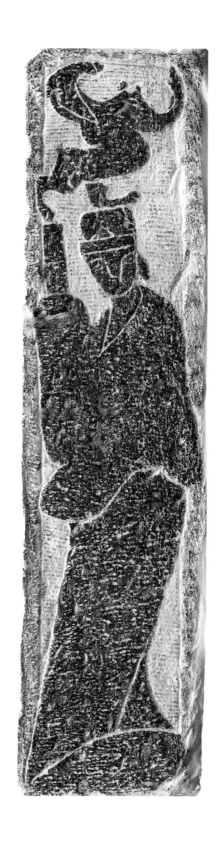

执笏人物

34 cm ×130 cm　征集于南阳市

画刻一人，戴冠，着长袍，执笏而立；人物上部刻一熊，扭身回头，四爪张开。

执笏人物

30 cm × 110 cm　征集于南阳市

画刻一人，戴冠，着长袍，高鼻，手执笏。画像左下角缺块。

执笏人物

30 cm×156 cm　征集于南阳市

画刻一人，身着长袍，头戴冠，执笏站立；人物上部刻一动物，已残缺不全。画像上部漫漶。

执笏人物

29 cm ×135 cm　　征集于南阳市英庄

画上刻一朱鸟，展翅欲飞，头上一根长翎毛；下刻一人，戴冠，着袍，执笏站立。

画上刻朱鸟，昂头展翅；下刻一人，戴冠，着长袍，执笏站立。

执笏人物

33 ㎝ ×118 ㎝　征集于南阳市

画上刻朱鸟，昂头展翅；下刻一人，戴冠，着长袍，执笏站立。

执笏人物

33 cm ×71 cm　征集于南阳市

画刻一人，戴冠，着长袍，躬身执笏侧立。画像左、右下角缺块。

执笏人物

33 cm ×116 cm   征集于南阳市

画刻一人，戴冠，着袍，执笏恭立；人物上方刻一朱雀。画像右上角缺块。

执笏人物

35 cm × 137 cm　征集于南阳市

画上刻一熊，挥举双臂，蹬足扭身；下刻一人，执笏而立。

执笏人物

40 cm ×79 cm 征集于南阳市

画刻一人，戴冠，着袍，执笏恭立。

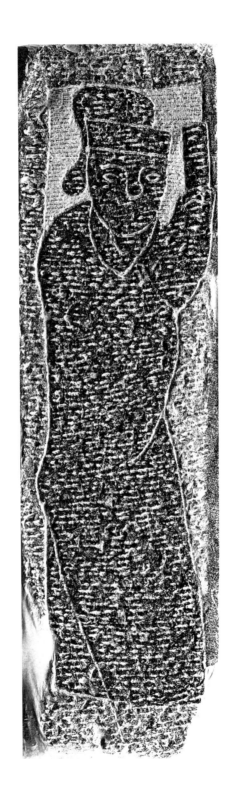

执笏人物

34 cm ×115 cm　征集于南阳市

画刻一人，戴冠，着长袍，双手执笏于面前，侧身恭立。画像右下角缺块。

执笏人物

33 cm ×115 cm　征集于南阳市

画刻一人，戴冠，着长襦，双手执笏，侧身恭立。

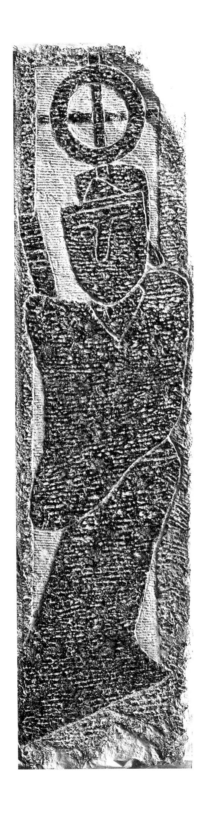

执笏人物

33 cm × 130 cm　征集于南阳市

画刻一人，宽衣长袍，侧身执笏于面前；人物上方刻十字穿环。画像右上角残缺。

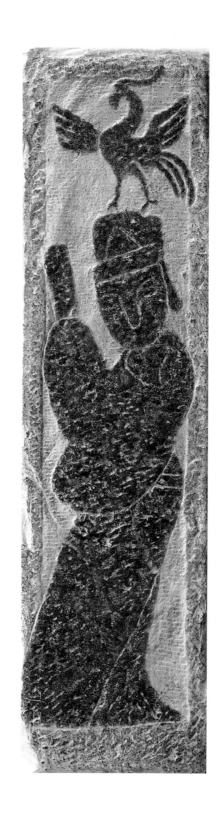

执笏人物

33 cm ×124 cm 征集于南阳市

画刻一人，头戴冠，着长襦，双手执笏于面前；人物上方刻一昂首振翅之朱雀。

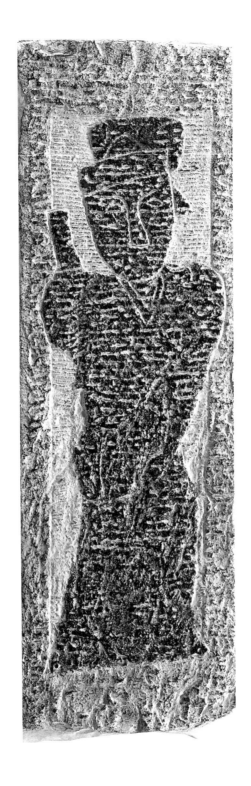

执笏人物

33 cm ×101 cm　征集于南阳市

画刻一人，头戴冠，身着长袍，双手执笏而立。

画刻一人，头戴前低后高状冠，身着宽衣长袍，双手执笏而立。

执笏人物

32 cm ×116 cm　征集于南阳市

画刻一人，头戴前低后高状冠，身着宽衣长袍，双手执笏而立。

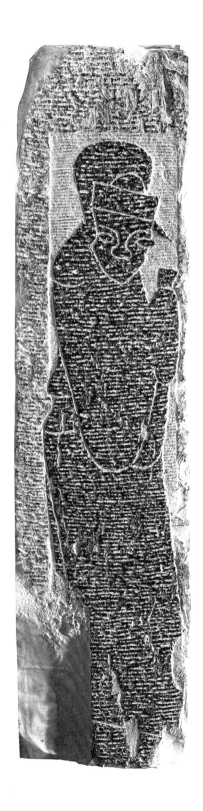

执笏人物

34 cm×137 cm　征集于南阳市

画刻一人，头戴冠，左耳插笔，身着长袍，双手执笏而立。

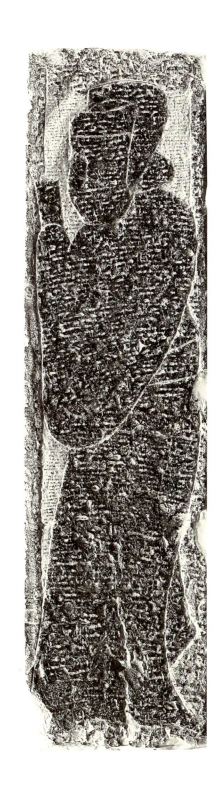

执笏人物

32 cm×121 cm   征集于南阳市

画刻一人，头戴冠，身着袍，双手执笏侧立。

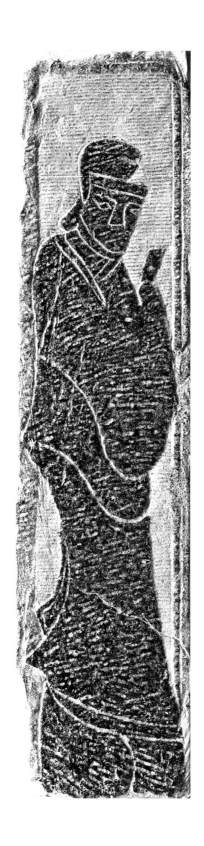

执笏人物

37 ㎝ ×128 ㎝　征集于南阳市

画刻一人，头戴前低后高状冠，身着宽袖长袍，双手执笏侧立。

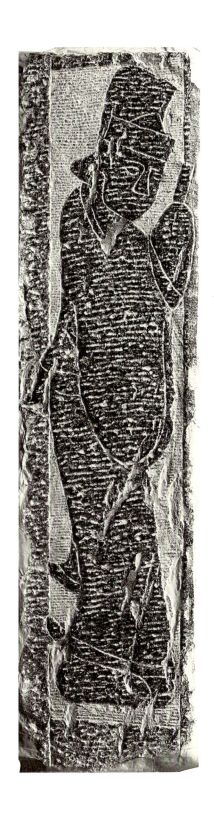

执笏人物

34 cm × 128 cm　征集于南阳市

画刻一人，头戴前低后高状冠，身着长襦，双手执笏而立。

执笏人物

33 cm×130 cm　征集于南阳市

画刻一人，戴冠，着袍，执笏而立。

执笏人物

33 cm ×126 cm 征集于南阳市

画刻一人，头戴冠，着长袍，双手执笏于面前。

执笏佩剑人物

32 cm×97 cm　征集于南阳市

画刻一人，头戴一梁冠，身穿长袍，腰系挂一剑，双手执笏而立。

执笏人物

32 cm×130 cm 征集于南阳市

画刻一人，头戴冠，身着长袍，双手执笏侧立。

执笏对拜

30 cm×107 cm　征集于南阳市

画刻两人，相对执笏，其身躯连为一体。

执笏人物

33 cm × 128 cm　征集于南阳市

画上刻一动物，圆眼尖嘴，前肢粗长，后肢短小，鼓腹；下刻一人，戴冠，着袍，低头躬身，执笏而立。

执笏人物

42 cm ×117 cm　征集于南阳市

画上刻一朱雀，展翅欲飞；下刻一人，头戴冠，身着长袍，执笏而立。

画刻一人，戴冠，着袍，执笏侧立。画像左上角缺块。

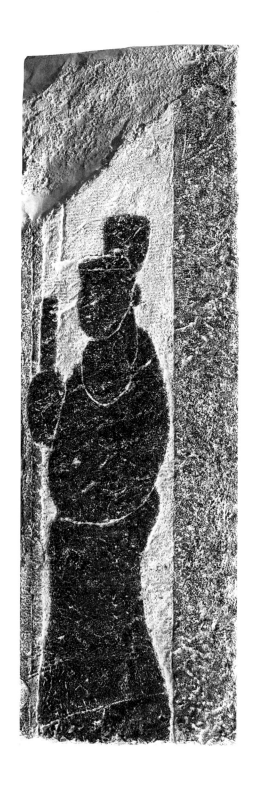

执笏人物

41 cm ×124 cm　征集于南阳市

画刻一人，戴冠，着袍，执笏侧立。画像左上角缺块。

执笏人物

23 cm ×114 cm　征集于南阳市

画上刻一人，戴冠，着长袍，执笏侧立；下刻菱形转环。

执笏人物

35 cm ×114 cm　征集于南阳市唐河县白庄

画刻一人，头戴冠，身着长袍，执笏而立。

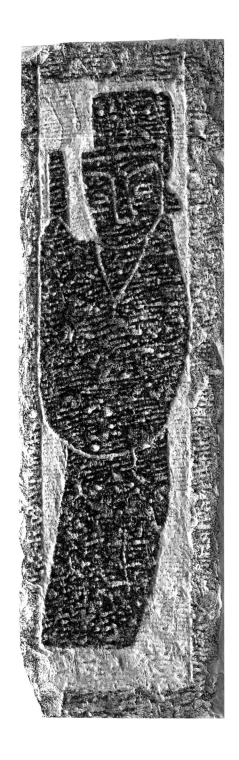

执笏人物

32 cm ×97 cm　征集于南阳市

画刻一人，戴冠，着袍，执笏而立。

画刻一人，戴冠，着长袍，执笏而立。

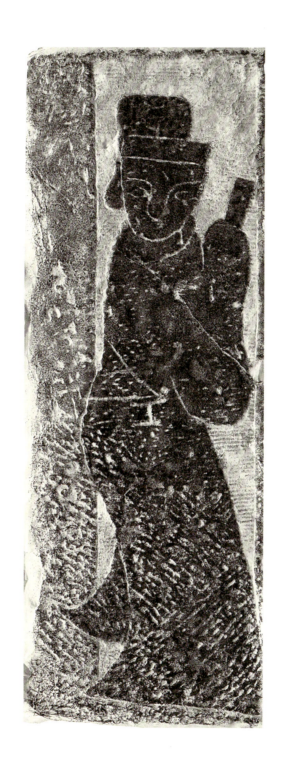

执笏人物

47 cm ×113 cm   征集于南阳市

画刻一人，戴冠，着长袍，执笏而立。

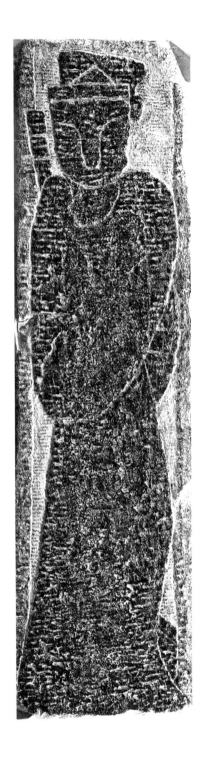

执笏人物

32 cm × 116 cm　征集于南阳市

画刻一人，戴冠，着长袍，执笏而立。

画刻一人，戴冠，着长袍，双手执笏侧立。画面水蚀严重。

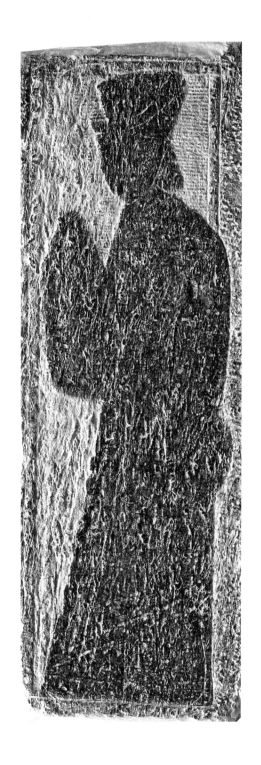

执笏人物

54 cm×155 cm　征集于南阳市

画刻一人，戴冠，着长袍，双手执笏侧立。画面水蚀严重。

执笏人物

58 cm × 157 cm　征集于南阳市

画刻一人，戴冠，着长袍，双手执笏侧立。

画刻一人，头戴冠，身着宽袖长袍，双手执笏，躬身侧立。

执笏人物

52 cm ×143 cm 征集于南阳市

画刻一人，头戴冠，身着宽袖长袍，双手执笏，躬身侧立。

执笏人物

50 cm ×133 cm　征集于南阳市

画刻一人，头戴冠，身着长袍，双手执笏而立。

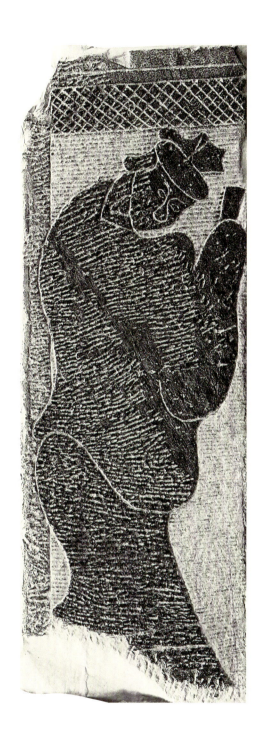

执笏人物

54 cm×150 cm　征集于南阳市

画刻一人，头戴巾帻，身着宽袖长袍，俯首弓背弯腰，双手执笏于面前；上方刻菱形图案。
画像左上、下角缺块。

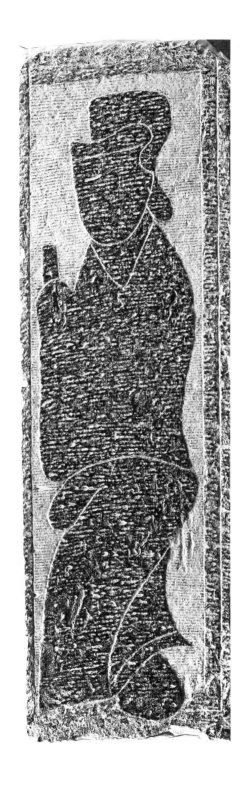

执笏人物

49 cm ×155 cm　征集于南阳市

画刻一人，身着宽袖长袍，双手执一笏，笏上边呈尖锐状，人物面部未雕刻五官。

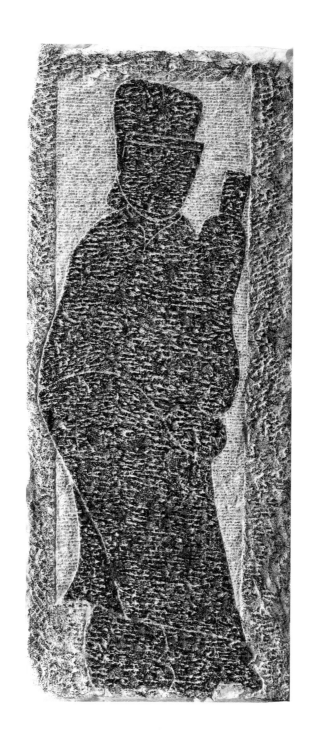

执笏人物

55 cm×134 cm 征集于南阳市

画刻一人，头戴冠，身着宽袖长袍，双手执笏侧立。

执笏人物

54 cm × 147 cm　征集于南阳市英庄

画刻一人，戴冠，着长袍，躬身屈膝，双手执笏侧立。

执笏人物

50 cm ×136 cm　征集于南阳市

画刻一人，头戴前低后高状冠，身着宽袖长袍，双手执笏而立，人物面部未刻画五官。图像
轮廓外部刻平行线纹。

执笏人物

54 cm ×133 cm　征集于南阳市

画刻一人，头戴冠，身着宽袖长袍，微俯首，弯腰，双手执笏而立。

画刻一人，头戴冠，身着宽袖长袍，双手执笏而立。人物轮廓外部刻横向平行线纹。

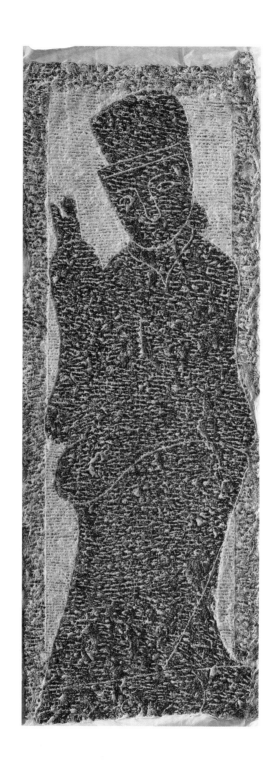

执笏人物

49 cm ×136 cm　征集于南阳市

画刻一人，头戴冠，身着宽袖长袍，双手执笏而立。人物轮廓外部刻横向平行线纹。

执笏人物

54 cm ×156 cm　征集于南阳市

画刻一人，头戴冠，身着长袍，躬身屈膝，双手执笏侧立。人物轮廓外剔横向平行纹。

执笏人物

52 cm×137 cm　征集于南阳市

画刻一人，头戴冠，身着长襦，双手执笏敬举于面前。人物轮廓外剔横向平行底纹。

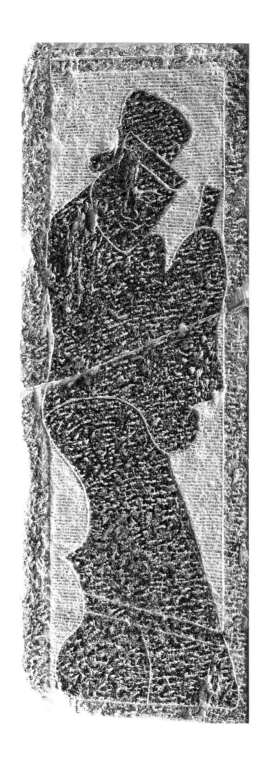

执笏人物

52 cm × 157 cm　征集于南阳市

画刻一人，头戴冠，身穿宽袖长襦，俯首屈膝，双手执笏侧立。人物五官为阴线刻。图像轮廓外剔成横平行底纹。

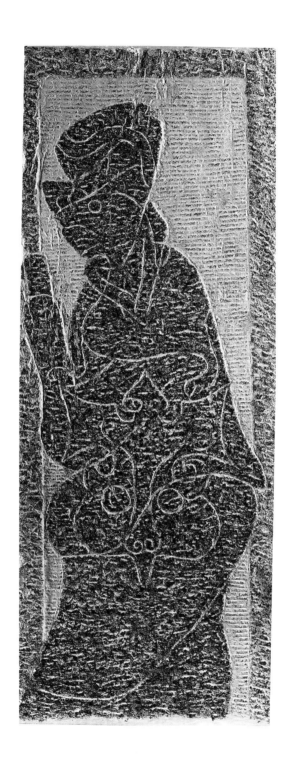

执笏小吏

53 cm ×136 cm　征集于南阳市

画刻一小吏，体态臃肿，双手执笏侧立。

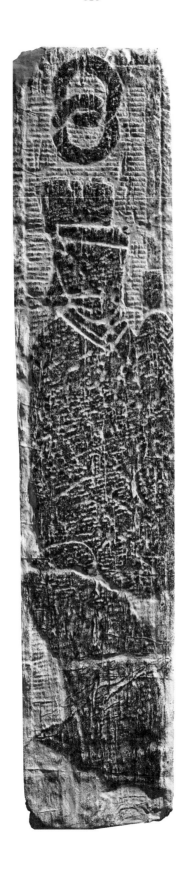

执笏人物

30 cm×136 cm　征集于南阳市

画刻一人，执笏而立；人物上方刻双环套连。

执笏人物

34 cm×115 cm　征集于南阳市

画刻一人，戴冠，着长袍，双手执笏侧立。

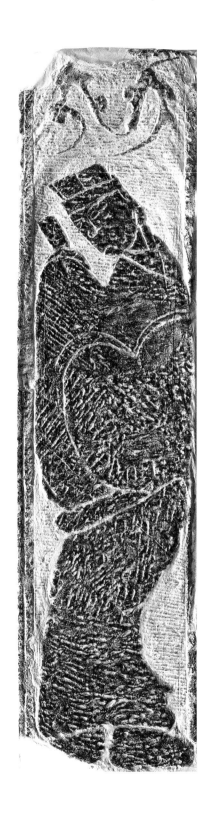

执笏人物

39 cm ×150 cm　征集于南阳市

画上刻云气纹；下刻一人，身着宽袖长袍，执笏低头侧立。

画刻一人，戴冠，着长袍，执笏低头而立。

执笏人物

30 cm × 100 cm　征集于南阳市

画刻一人，戴冠，着长袍，执笏低头而立。

执笏人物

35 cm × 115 cm　　征集于南阳市

画刻一人，头束巾，身着长袍，执笏侧立。

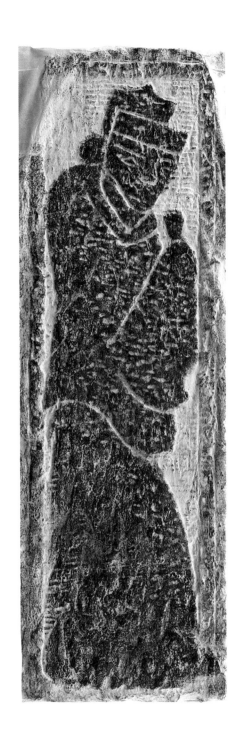

执笏人物

32 cm ×95 cm 征集于南阳市

画刻一人，戴冠，着袍，双手执笏侧立。

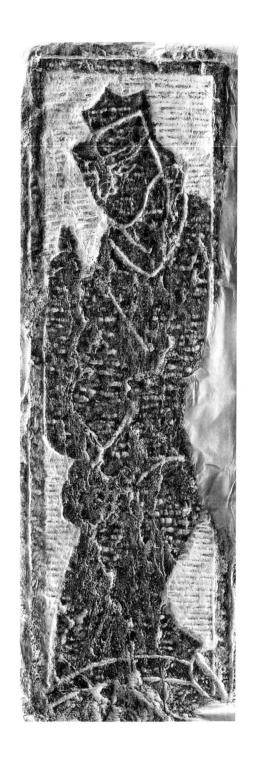

执笏人物

32 cm ×95 cm　　征集于南阳市

画刻一人，戴冠，着长袍，双手执笏侧立。

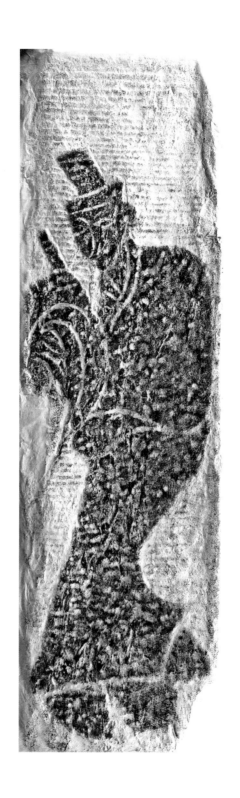

执笏人物

34 cm ×104 cm　征集于南阳市

画刻一人，头戴冠，身着长袍，弯腰弓背，双手执笏。

执笏人物

31 cm×120 cm　征集于南阳市

画刻一人，戴冠，着长袍，执笏侧立。画像右下角缺块。

画刻一人，戴冠，着长袍，执笏而立。

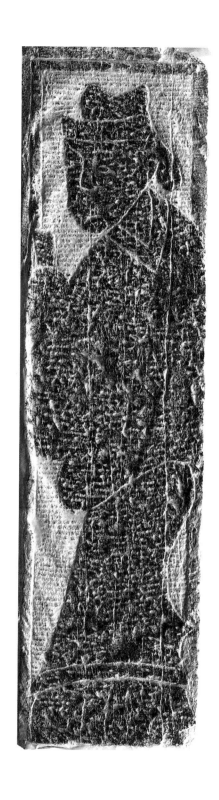

执笏人物

30 cm × 108 cm　征集于南阳市

画刻一人，戴冠，着长袍，执笏而立。

画刻一人，头戴前低后高状冠，身着长袍，执笏侧立。

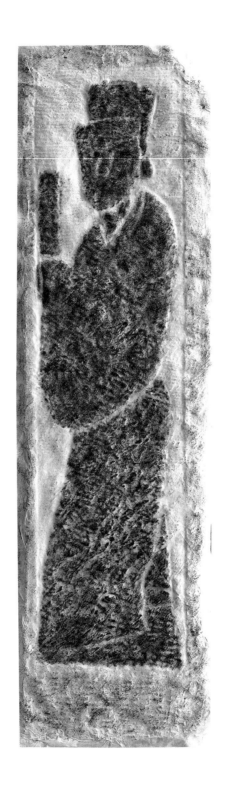

执笏人物

33 cm × 114 cm　征集于南阳市

画刻一人，头戴前低后高状冠，身着长袍，执笏侧立。

执笏人物

33 cm × 140 cm   征集于南阳市

画刻一人，侧向执笏；人物上方刻一圆环。

执笏人物

32 cm ×119 cm　征集于南阳市

画刻一人，执笏侧立。

画刻一人，执笏侧立。

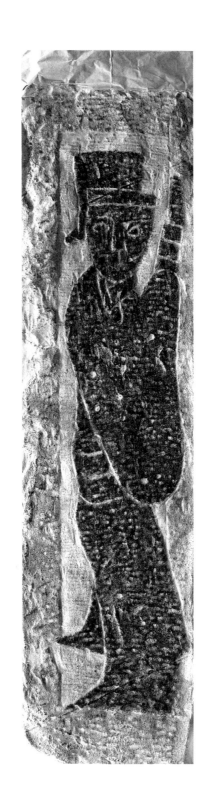

执笏人物

31 cm ×114 cm　征集于南阳市

画刻一人，执笏侧立。

执笏人物

35 cm × 134 cm　征集于南阳市

画刻一人，双手执笏侧立；人物上方刻一熊。

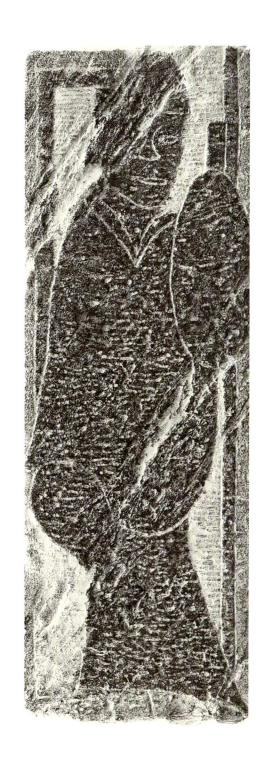

执笏人物

50 cm ×98 cm　征集于南阳市

画刻一人，宽袖长袍，执笏侧立。

画刻一人，头戴笼形冠，双手执笏侧立；人物上方刻双环套连。

执笏人物

27 cm×150 cm　征集于南阳市

画刻一人，头戴笼形冠，双手执笏侧立；人物上方刻双环套连。

执笏人物

33 cm ×134 cm　征集于南阳市

画刻一人，戴冠，着袍，双手执笏侧立。

执笏人物

41 cm ×126 cm　征集于南阳市

画刻一人，戴冠，着长袍，双手执笏侧立。

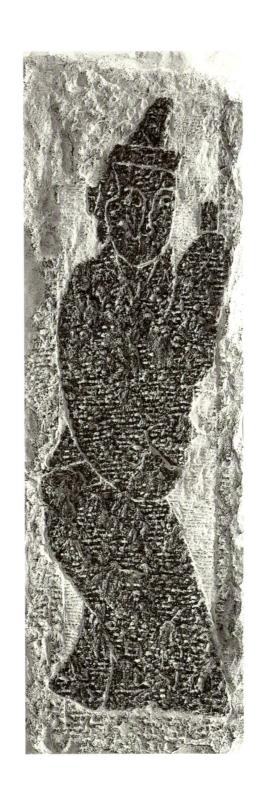

执笏人物

38 cm ×110 cm　征集于南阳市

画刻一人，着宽袖长袍，双手执笏侧立。

执笏人物

28 cm × 111 cm　征集于南阳市

画刻一人，戴冠，着袍，双手执笏。

画刻一人，戴冠，着长袍，双手执笏侧立；人物侧上方刻一熊（残）。

执笏人物

54 cm×137 cm 征集于南阳市

画刻一人，戴冠，着长袍，双手执笏侧立；人物侧上方刻一熊（残）。

执笏人物

29 cm ×59 cm　征集于南阳市

画刻一人，身着长袍，执笏侧立。

执笏人物

32 cm × 63 cm 征集于南阳市

画刻一人，头束巾，身着长袍，执笏侧立。画像左上角缺块。

执笏人物

33 cm ×63 cm　征集于南阳市

画刻一人，头束巾，身着长袍，执笏而立。画像右下角残缺。

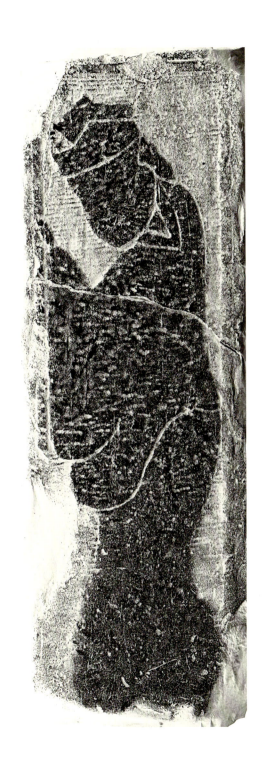

执笏人物

32 cm × 92 cm   征集于南阳市

画刻一人，戴冠，着袍，执笏侧立。

执笏人物

33 cm ×70 cm　征集于南阳市

画刻人物上半身，头戴冠，双手执笏。画像右下角残缺。

执笏人物

35 cm ×118 cm　征集于南阳市

画上刻一朱雀，展翅站立（头部残缺）；下刻一人，戴冠，着袍，执笏侧立。

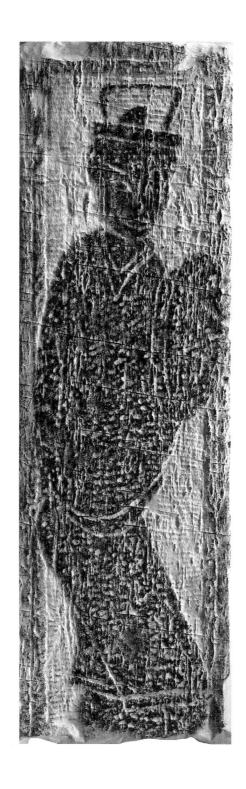

执笏人物

30 cm ×94 cm　征集于南阳市

画刻一人，戴冠，着袍。手执之物漫漶不清。

执笏人物

56 cm×131 cm　征集于南阳市

画刻一人，戴冠，着袍，执笏侧立。

执笏人物

53 cm ×126 cm　征集于南阳市

画刻一人，戴冠，着袍，双手执笏而立。

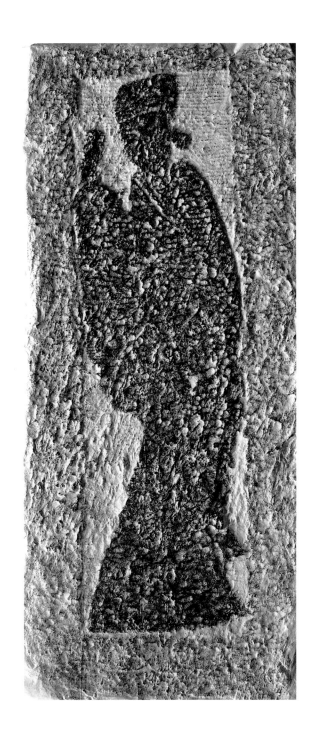

执笏人物

52 cm × 134 cm　征集于南阳市

画刻一人，戴冠，着长袍，双手执笏侧立。

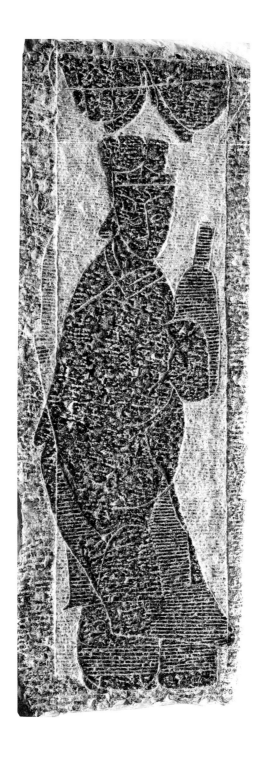

执笏人物

56 cm ×156 cm　征集于南阳市

画刻为二次改变的人物图像，原刻人物和现刻人物同为执笏人物，戴冠，着长襦，双手执笏而立。

画刻一人，头束巾，身着长襦，双手执笏侧立。

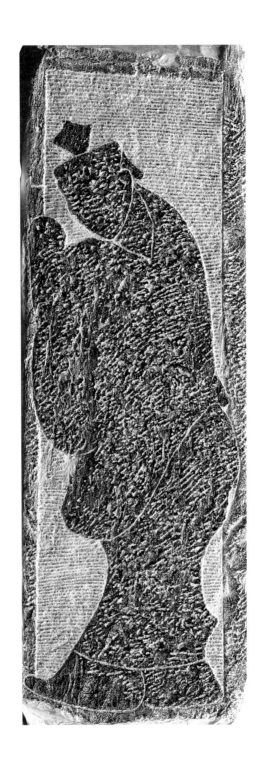

执笏人物

55 cm×158 cm　征集于南阳市

画刻一人，头束巾，身着长襦，双手执笏侧立。

执笏人物

32 cm ×113 cm　征集于南阳市

画上刻一龙；下刻一人，戴冠，着长袍，双手执笏而立。